Terapia de Pareja

"No existe amor en paz. Siempre viene acompañado de agonías, éxtasis, alegrías intensas y tristezas profundas".

Paulo Coelho

Sonia B. F. Arias

Copyright © 2014 Sonia B.F. Arias

Editorial Mundo Latino

Los Angeles CA

Derechos reservados 2014 Sonia B. F. Arias

Todos los derechos reservados incluyendo porciones o capítulos del libro o cualquier otra copia del mismo.

Para información sobre ventas al por mayor

Contactar: **Editorial Mundo Latino**

Publicado en USA

Terapia de Pareja

Un libro dedicado a analizar los conflictos y problemas que las personas enfrentan cuando establecen una relación sentimental con su pareja.

Ordénelo por:

*www.createspace.com ó por **www.amazon.com***

Copyright © 2013 Sonia B. F. Arias
All rights reserved.

ISBN-13:**978-0-9892604-3-5**

Sonia B. F. Arias
All rights reserved.
ISBN-13:978-0-9892604-3-5

DEDICACIÓN

Terapia de Pareja es un libro dedicado a todas las personas que están en una relación de pareja y desean mantenerla.

También dedico este libro a las personas que por una u otra razón no tienen pareja y ansían encontrar el amor de su vida.

A las parejas que necesitan guianza en su relación para poder alcanzar una madurez sentimental en su vida en pareja.

A todas aquellas mujeres y hombres que creen amar a sus parejas pero no logran comunicarse efectivamente.

A las parejas que están pensando seriamente en terminar una relación que no funciona.

Terapia de Pareja

Indice

Prefacio	1
Prólogo	3
Capítulo 1	7
Capítulo 2	15
Capítulo 3	25
Capítulo 4	35
Capítulo 5	43
Capítulo 6	53
Capítulo 7	59
Capítulo 8	67
Capítulo 9	77
Capítulo 10	83
Capítulo 11	89
Capítulo 12	95
Capítulo 13	99
Capítulo 14	103
Capítulo 15	109
Capítulo 16	115
Capítulo 17	121
Capítulo 18	127
Capítulo 19	131
Capítulo 20	137

"La relación entre dos es un viaje hacia un destino desconocido, donde la pareja debe compartir no sólo lo que no saben uno del otro, sino también lo que no saben de sí mismos".

Anónimo.

PREFACIO

Me decidí a escribir un libro de esta categoría porque cuánto hubiera deseado yo que un libro como éste hubiera caído en mis manos cuando mi matrimonio se desmoronaba veinticinco años atrás y ni mi esposo ni yo sabíamos que hacer para salvar el barco en el cual naufragábamos él y yo lentamente.

Lo más triste era que no estábamos solos en la nave. Con nosotros habían cuatro niños inocentes a los cuales ambos amábamos entrañablemente y no queríamos verlos sufrir.

Nuestros hijos no entendían el motivo por el cual sus padres discutían constantemente y habían tomado la decisión de divorciarse.

Así como mi caso, existen muchas parejas que leerán este libro, las cuales han quizás vivido muchos años en una relación dolorosa para ambos y jamás se han atrevido a consultar a un terapista pues piensan como pensábamos nosotros, que todas las parejas sufren los mismos problemas y que la relación no tiene arreglo.

Cuando finalmente yo terminé mis estudios de psicología y me convertí en consejera de parejas, los errores que tanto mi pareja como yo habíamos cometido, desfilaban ante mis ojos claramente y en letra mayúscula, mientras que veía claramente porque nuestro barco había naufragado sin remedio.

Con este libro intento hacer la diferencia en el hogar de una pareja, que quizás hasta hoy no ha buscado ayuda profesional y todavía esté a tiempo de hacerlo.

Aunque muchas veces es tarde y ya no queda nada por reconstruir o aún peor, ya ambos tocaron fondo y el daño es irreparable, en algunos casos todavía hay tiempo de salvar la relación.

Nuestra cultura latina tiene la creencia que si uno de los dos, se esfuerza y pone de su parte, sacrificándose, complaciendo a su pareja en todo, dejándose agredir verbal, psicológica y físicamente, las cosas se arreglarán.

Permítanme decirles que eso no es cierto. Todo lo contrario, la relación se convertirá en un escenario peligroso donde la violencia y el hastío dominará a ambos y su vida se convertirá en un verdadero infierno.

El hombre tanto como la mujer quedarán atrapados en un círculo vicioso sin final, e involucrarán a terceras personas en la relación para liberarse así de la tensión que les produce vivir en una relación disfuncional.

Queridos lectores, todos los seres humanos tenemos el derecho a vivir una vida digna y a amar y ser amados y gozar una saludable relación con la pareja.

Este libro aborda la mayoría de los problemas que una pareja puede tener que enfrentar cuando deciden unir sus vidas.

Mi intención es alertar al lector a estar vigilante que el control, el abuso y la manipulación no se infiltran en su relación.

Aunque muchos son los problemas que puede enfrentar una pareja, si existe el verdadero deseo de salvar la relación, ambos buscarán la ayuda profesional que necesitan para ser guiados hacia el triunfo del amor que se profesan.

Espero de todo corazón que disfruten de este libro y los edifique y ayude a vivir una vida en pareja a plenitud.

Terapia de Pareja

Prólogo

Decidí darle este título a mi libro porque mi intención es que através del mismo muchas parejas puedan identificar los problemas que tienen en su relación para luego analizarlos y poder resolverlos.

Cuando una pareja tiene problemas, si no logran solucionarlos ellos solos, llegan a la conclusión que necesitan ayuda si es que no quieren separarse.

Algunos acuden a brujos, psíquicos que les recomiendan potajes y amarres, pero otros, van a consultar con un terapista de pareja para que éste les ayude a salvar su relación.

La terapia de pareja no es buena únicamente para parejas que tienen problemas, también funciona como un programa preventivo para evitar problemas de comunicación y futuros conflictos.

Los problemas por los que la mayoría de las parejas acuden a este tipo de terapia son diversos, la falta de comunicación, desacuerdos que desembocan en discusiones frecuentes, problemas sexuales, frustraciones, problemas financieros y desacuerdos sobre la educación de los hijos son algunos de los más comunes.

También la pareja acude a un terapista para ayudarse a entender que ya no se aman o por problemas de infidelidad y consecuente manejo de emociones como la ira, resentimientos, rencores y celos.

Lo primero que hace el terapista es evaluar la situación individual de cada pareja para conocer cual es el problema que los llevó a su consulta.

Una vez el terapista identifica el problema, busca la terapia adecuada para ese caso en particular. El número de sesiones que la pareja recibirá para resolver las diferencias dependerá del caso.

Algunas parejas visitan el consultorio de su terapista dos o tres veces, otros asisten a la terapia por varios meses y algunos van hasta por años para buscar la solución y poder así remediar la situación.

Como dije al principio durante la terapia se analiza el conflicto o los conflictos a fondo y el terapista entrena a la pareja a aprender a resolver los problemas y a discutir las diferencias en una forma madura y racional.

Las sesiones de terapia los ayuda a comunicarse mejor, a escuchar y comprender a su pareja y sobre todo a aceptar que su todos tenemos defectos y que debemos aprender a aceptarnos para poder tener una relación feliz y duradera.

El terapista generalmente no usa una única técnica para guiar a la pareja sino que usa una combinación de varias, de acuerdo a las preferencias de la pareja y el tipo de problema que le hayan planteado.

La meta es cambiar la actitud negativa de ambos y convertirlas en conductas positivas y el apoyarse uno al otro para poder intercambiar ideas y opiniones sin herirse ni ofenderse.

Por medio del terapista la pareja aprende nuevas estrategias que fomentan la aceptación del uno por el otro y a conocer mejor las emociones de ambos.

Cuando hay una mayor aceptación, ambos están más dispuestas a realizar los cambios que sean necesarios para poder solucionar sus conflictos.

Una vez el terapista hace la evaluación del caso, habla con la pareja y les comenta cuales son los problemas que ha identificado y les explica las razones por las cuales tienen esos problemas y el porque la relación no está funcionando.

Según los expertos en terapia de pareja, el motivo por el cual hay más personas que se divorcian día a día es porque se desapegan emocionalmente al sentirse frustrados por no poder entenderse.

Esa desconexión emocional aumenta conforme pasa el tiempo y esto da lugar a las críticas, ira, resentimiento y otras emociones negativas que se suscitan.

El objetivo de la terapia es restablecer la conexión perdida y fortalecer el vínculo entre ambos.

Una relación de pareja es algo vivo que atraviesa fases o etapas, sufre altibajos y cambia continuamente, no necesariamente para peor, pues mientras exista amor y ambos quieran resolver sus conflictos, la solución llegará a sus problemas.

Es cuestión de dedicar tiempo, esfuerzo y energía para que la relación prospere y no termine en una separación.

Mi consejo final es que tengan en mente que no existe la pareja perfecta. Tomen decisiones grandes y pequeñas de mutuo acuerdo,

Terapia de Pareja

compartan la vida cotidiana, acóplense y acéptense uno al otro con sus virtudes y defectos.

Una pareja supone compartir momentos de felicidad, tristeza, angustias, ternura, complicidad, pasión y otras más cosas.

Pongan su compromiso y su amor por encima de las circunstancias y estados de ánimo, para que nunca se olviden de la razón por la cual están juntos.

Sonia B. F. Arias

1

Los años de la infancia y la relación de pareja

Mucho se ha discutido a través de los años sobre la importancia de la infancia y el ambiente hogareño en que los niños se desarrollan.

También la psicología ha analizado las teorías de las etapas del desarrollo infantil de acuerdo a los grandes psicólogos tales como Freud, Piaget y Erickson.

Estos expertos llegaron a la conclusión que los problemas de los padres se reflejan en los hijos desde edades tempranas hasta que se convierten en adultos.

Uno de los investigadores de la facultad de psicología de la Universidad Nacional Autónoma de Mexico, el doctor Rolando Díaz en un estudio realizado en el 2011, habla sobre este tema.

Díaz afirma que las relación de pareja se definen de acuerdo a la infancia que ambos vivieron.

Ese niño interior que todos llevamos dentro, algunas veces lleno de temores, otras de grandes satisfacciones, es el niño o la niña que años después se convierte en nuestra pareja.

En su inconsciente, quedaron impregnados los factores que afectarían a este pequeño en su edad adulta.

El ambiente social en que vivimos durante la primera etapa de nuestra niñez define en un cincuenta por ciento la formación de nuestra personalidad.

El otro cincuenta por ciento se le atribuye, de acuerdo a la psicología moderna, a los genes que heredamos de nuestros padres.

El tan discutido tema de Naturaleza vs. Ambiente es lo que en inglés se conoce como Nurture vs. Nature.

Este es un tema que hasta el día de hoy está en discusión por los estudiosos en la materia.

No se sabe a ciencia cierta cual influencia es mayor si las experiencias vividas durante la infancia o el aspecto genético pero lo que si se ha comprobado es que los primeros años son básicos para definir la personalidad de un individuo.

La mayoría de las mujeres y los hombres que crecen en familias disfuncionales y digo la mayoría porque todo en la vida tiene sus excepciones, han sufrido uno o varios conflictos con sus parejas debido a problemas vividos durante su infancia.

Los niños que crecen en hogares disfuncionales y reciben terapia psicológica en su edad temprana, pueden vencer esos traumas y cambiar sus patrones de conducta para conllevar la relación con sus parejas cuando llegan a la edad adulta.

Uno de los problemas más graves de los cuales una gran cantidad de niños son víctimas es cuando los padres tienen comportamientos agresivos, no solo con ellos pero con su padre o su madre.

Sin embargo hay otro tipo de hogares que también son considerados disfuncionales donde las agresiones y los golpes no son el problema sinó la falta de estímulo que se le da al niño durante sus años de infancia.

Los hijos desde que están en la cuna observan a sus padres y adoptan comportamientos por imitación o por influencia directa que sus progenitores les inculquen durante la infancia.

Estos comportamientos aprendidos afectan a los niños en su edad madura y causan problemas en la relación con su pareja.

Una niña que crece viendo a su padre discutiendo y golpeando a su madre continuamente y tirándole objetos en su cabeza, cree que la vida en pareja es normal que sea así.

El día que esta niña se une en matrimonio generalmente atrae a hombres que abusarán de ella. Esta niña cuando crezca va a permitir que su pareja la golpee a ella porque creció en un hogar donde el padre agredía a su madre.

Terapia de Pareja

Viendo el otro lado de la moneda, si es el hijo varón quien ve a su padre agredir a su madre, crece pensando que a las mujeres hay que maltratarlas y cuando llega a la edad adulta, podría convertirse en un abusador de mujeres porque ese fue el ejemplo que su padre le dió.

Esto no es regla pues en algunos casos, los niños que provienen de hogares donde el abuso doméstico fue el pan de cada día, llegan a detestar la violencia cuando crecen, pero podrían correr el riesgo de temerle al matrimonio o de refugiarse en las drogas o el alcohol.

Una vasta mayoría de estudios realizados a niños que han sufrido en su hogar violencia doméstica, demuestran que el niño se convierte en víctima o en abusador pero pocos superan el abuso que sufrieron por parte de sus padres.

Otros de los problemas mayores que las personas arrastran de su infancia son las adicciones que pudieron heredar de sus padres y quiero enfatizar que esas adicciones están altamente relacionadas con la violencia doméstica.

En el campo de las adicciones existen varios tipos, algunas personas están adictas al sexo, otras a sustancias tóxicas como el alcohol y las drogas.

En nuestros días es muy común que las parejas tengan conflictos por causa de la adicción a las redes sociales o a las compras.

Hay encuestas que aseguran que una de cada ocho parejas que se divorcian hoy, lo hacen porque han tenido problemas con alguna de las adicciones mencionadas arriba.

Una de las que causa mayores estragos en la relación de pareja es el alcoholismo el cual ha sido catalogado como una enfermedad que se hereda de los padres y se arrastra por varias generaciones.

Está comprobado que muchos hijos de padres alcohólicos se convierten en adictos al alcohol o a otra sustancia.

El dolor emocional es tan grande al recordar lo vivido durante la infancia que muchas personas encuentran en el alcohol o las drogas sociales un refugio o escape a su frustración.

Un nuevo estudio realizado recientemente en España revela que en las familias que han sufrido la enfermedad del alcoholismo por varias generaciones existe una predisposición genética cuatro o seis veces mayor.

Sonia B. F. Arias

En esta investigación realizada en ciento cincuenta pacientes se comprobó que el alcoholismo proviene de una alteración de los genes relacionados con el sistema cerebral.

Algunos de estos pacientes de dicho estudio, desarrollaron la adicción a una edad temprana y todos tenían características similares en su personalidad.

Algunos tenían rasgos antisociales y agresivos que afectaban su relación de pareja y contribuían a otros hechos delictivos en el ambiente donde se desenvolvían.

Ahora bien, cuando dos personas que comienzan una relación se conocen, generalmente lo hacen en ambientes sociales donde frecuentan personas con gustos afines a la música o al ambiente o en otros casos se conocen en sus trabajos, universidades o por medio del internet.

Algunos tienen amigos en común pero lo que estas personas toman en cuenta mayormente a la hora de conocerse es la atracción física que experimentan el uno por el otro y la química que exista en el momento de encontrarse.

También, más adelante, toman en cuenta el aspecto financiero de ambos y su status social.

Sería extraño que una pareja que se acaba de conocer se entrevistaran el uno al otro para investigar un poco sobre los problemas que tuvieron en su infancia.

A ninguno de los dos se les ocurre hablar de este tipo de temas cuando inician su relación. Probablemente ninguno de los dos se atrevería hablar de ésto al comienzo.

 No creo que nadie tendría la valentía de comentar sobre traumas psicológicos sufridos durante su niñez ni tampoco sobre las adicciones que sus padres o abuelos pudieran tener o haber tenido en el pasado.

Al inicio de la relación, la pareja se enfoca en agradarse el uno al otro diciendo cosas lindas. También hablan sobre sus carreras, sus trabajos, sus gustos, sus pasatiempos y sus metas para el futuro.

Sin embargo como dijimos al principio estos problemas que cada uno de los enamorados arrastran, tarde o temprano saldrán a flote en la relación y ocasionarán estragos si no son tratados a tiempo y eficientemente con terapias profesionales.

Terapia de Pareja

Algunas personas cuando conocen la familia de su pareja, se dan cuenta inmediatamente que él o ella vienen de un hogar disfuncional, pero se ciegan diciendo "nosotros no seremos como ellos".

La pregunta que salta a la mente es cómo darse cuenta sobre el ambiente en que la pareja creció y vivió durante su infancia?

Muchos hombres y mujeres, unos meses después de estar en una relaci'on, se confían en sus parejas y les comparten sus vivencias y sus traumas sufridos.

Otros se lo callan y cuando les preguntan sobre esa época de sus vidas, simplemente dicen que prefieren no hablar sobre el tema.

Si tú que estás leyendo este libro estás iniciando una relación en este momento y te has dado cuenta que tu pareja tiene problemas con sus padres ó con sus hermanos ó se pasa de tragos en una fiesta, debes estar alerta porque esta relación podría ser nociva para tu vida.

Quiero aclarar este punto. No quiero decirte que dejes a tu pareja porque su infancia fue traumatizante, lo que quiero explicar es que si notas algún síntoma que te haga sospechar que estás en una relación complicada, debes hablar con tu pareja y ambos pueden buscar ayuda profesional antes que la relación progrese.

Si tu pareja se niega a hacerlo y el problema es muy serio, ahi es cuando es aconsejable salir de la relación para no salir lastimado emocional y mentalmente.

La relación que no se consolida desde los comienzos porque tiene problemas que al principio parecen insignificantes, es nociva para tu vida.

Déjame decirte que estos problemas crecen con el tiempo y hacen que la relación se contamine, enferme y eventualmente muera el amor.

Muchos padres crían a sus hijos en un mundo machista que trae graves consecuencias cuando este hijo se convierte en un adulto y decide formar un hogar.

Estos padres cometen el error de pensar que para que sus hijos varones sean bien "machitos" tienen que ser promiscuos y ríen complacidos sobre "las gracias" de sus hijos mientras los observan saltar de flor en flor o tener varias relaciones a la vez.

Otros madres encuentran chistoso cuando sus hijas cambian de novio como de vestido. Muchas dicen, que eso está bien pues así experimentan en varias relaciones mientras les llega el verdadero amor.

Otros padres, por el contrario son muy conservadores y religiosos y hacen creer a sus hijos que el disfrutar de una relación sexual antes del matrimonio es un pecado mortal contra Dios.

Ponen en las mentes de sus hijos ideas religiosas y conservadoras cayendo en el fanatismo, lo cual puede lastimar enormemente su relación de pareja.

Así que mucho cuidado con esos conflictos irresueltos de la infancia y con los prejuicios que algunos padres implantan en las mentes de sus hijos pues tarde o temprano saldrán a la luz y podrían causar estragos en la relación con la pareja.

Para darles un ejemplo sobre mi experiencia personal, compartiré con ustedes partes de mi vida y mis experiencias a través de este libro.

Yo crecí en un hogar completamente disfuncional. Sin hermanos que vivieran y compartieran conmigo y con un padre ausente al cual solo veía los fines de semana.

Mi madre se había visto obligada a trabajar ocho horas diarias fuera del hogar para suplir mis necesidades.

Mi padre y mi madre se divorciaron cuando yo tenía solamente cuarenta días de haber nacido.

Al arrastrar un divorcio debido a las múltiples infidelidades de mi padre, mi madre se convirtió en una persona resentida con los hombres en general.

Esto hizo que jamás pensara en rehacer su vida con alguien más. Yo fui criada por niñeras y analizando mi vida hoy, sé que me faltó el estímulo que necesitaba para crecer saludablemente sobre todo en los aspectos social, psicológico y emocional.

Aquellas niñeras probablemente no me daban el estímulo que yo necesitaba y fui una niña muy tímida durante mi infancia, sujeta a las creencias de mi madre, las cuales eran la última palabra para mi.

Mi madre me inculcaba ciertas ideas que yo en mi mente frágil adoptaba como un ministro religioso, acepta los dogmas religiosos sin cuestionarlos.

Uno de los ejemplos más vívidos que me afectan hasta este día, es algo divertido para mi hoy, porque lo veo con la madurez de una mujer adulta.

Terapia de Pareja

Mi madre siempre me dijo que la cocina era algo que ella detestaba hacer. Nunca la vi planeando una receta especial de cocina ni horneando un pastel.

Es más sus palabras textuales eran "yo detesto cocinar". Eso hizo que yo nunca cocinara con mi madre ni un platillo de un recetario ó unas galletitas para tomar un café o un té.

Siempre pensé en la cocina como en algo negativo y no como un arte. Hoy día estoy consciente que cocinar es algo artístico y que necesitamos poner amor en las artes culinarias para que al hacerlo nos sintamos satisfechos internamente.

Cuando nacieron mis cuatro hijos me vi obligada a cocinar para ellos. Lo hacía con mucho amor aunque los platillos que cocinaba eran sencillos.

Mi esposo venía de un hogar donde su madre era una mujer dedicada a la cocina y otros quehaceres domésticos y aunque no la conocí pues murió antes que yo comenzara la relación con él, mi esposo me contó como funcionaba su hogar cuando él era un niño.

Mis cuatro cuñadas cocinan exquisitamente y según ellas mismas me han contado, aprendieron a cocinar con su madre.

Uno de los mayores problemas que tuve en mi relación con mi esposo tuvo que ver con la cocina creanlo o no.

Ahora bien, creen ustedes que es posible modificar los patrones de conducta que nos enseñaron nuestros padres con ayuda profesional?

Yo me atrevería a asegurar que en la mayoría de las veces si se puede, mientras la persona esté consciente y dispuesta a superar esos pensamientos que le fueron infiltrados en su mente durante su niñez.

En mi caso, mi madre hizo lo mejor que pudo y sé que todo lo hizo con gran amor y dedicación y se lo agradezco grandemente.

Gracias a su esfuerzo económico recibí clases extracurriculares, aprendí a hablar inglés fluidamente, a tocar el piano con gran destreza desde muy pequeña y también aprendí a nadar y a escribir en una máquina sin necesidad de mirar el teclado.

Considero que me he realizado como mujer teniendo el rol de esposa, madre, abuela y profesional aunque jamás aprendí a cocinar.

Una de mis nietas me dijo, un día, *"abuelita, usted sabe hacer muchas cosas, y yo la quiero mucho pero usted no es una abuelita como las que yo veo en las películas pues nunca hace galletitas conmigo".*

Sonia B. F. Arias

Esas palabras me tocaron y le conté la historia de cuando yo era niña, y lo que mi madre me había dicho y cómo yo había creído fielmente en aquellas palabras.

Ese detalle que pudo haber pasado insignificante para muchos, a mi me afectó mucho en mi relación de pareja.

Otros detalles mayores o menores también influenciaron mi relación sentimental y se convertieron en problema que ni mi esposo ni yo pudimos resolver.

Terapia de Pareja

2

Rutina vs. detalles en tu relación de pareja

La rutina en una relación es comparada con aquel animalito que no se mira a simple vista cuando sube a un árbol frondoso pero que al poco tiempo se reproduce a tal punto que termina por comerse el árbol aunque este sea un roble fuerte y saludable.

Cuando la rutina se introduce en una relación de pareja termina muchas veces destrozando el amor. Son bastantes las mujeres y hombres que escriben a mi blog, narrando sus historias.

Estos están continuamente lamentándose que descuidaron su relación dando por sentado que su pareja era incondicional con ellos y por eso no se preocuparon por cuidarla.

Algunas de estas personas dicen que su relación se convirtió en algo tan tedioso porque ya el amor se había alejado y lo único que los mantenía unidos era la rutina de verse por las mañanas, tomar desayuno juntos y en la noche darse las buenas noches.

Con esto no estoy diciendo que las rutinas son las únicas armas que destruyen la relación pero si son la llave que abre la puerta a otros problemas mayores, tales como las infidelidades por ambas partes.

Algo que cuidan los amantes que viven una relación ílicita y abierta es el ponerle picardía y pasión a esos momentos que pasan junto a su pareja y es por eso que en ese tipo de relaciones prohibidas aunque sean aventuras amorosas pasajeras, la rutina no hace nido.

Sonia B. F. Arias

La mayoría de los amantes que tienen una relación "estable" si es que es posible usar esa palabra, cuidan muy bien los detalles que mantienen viva la pasión con su compañero.

Una relación extramarital tiene como propósito muchas veces olvidarse de la infelicidad que se vive en el hogar con su cónyuge.

Como podría eliminarse la rutina en la vida de pareja? Yo diría que eliminarla no es la solución pues las rutinas existen en nuestra vida diaria y son parte de nuestro vivir.

Más bien preguntémonos como podríamos adornar la vida cotidiana con detalles creativos con los cuales se puede sorprender a la pareja.

Estos detalles o "ideas locas" hasta cierto punto divierten a ambos y los ayuda a conllevar la relación y a disfrutar los momentos que pasan juntos.

Una joven chilena que vive en los Estados Unidos, escribió a mi página hace poco para contarme que le había gustado mi blog de Consejos para Parejas y quería aportar uno que otro consejo que ellos habían utilizado para sorprenderse el uno al otro y con los cuales habían logrado su meta.

Dos de los consejos que captaron mi atención fueron los que narro a continuación.

Un día cualquiera ella dice que se vistió de genio, se puso sus prendas íntimas más sexy que encontró y de pronto salió del baño cuando su esposo miraba la televisión y se subió a la cama, con una lamparita de Aladino, la cual compró en un lugar de antigüedades y le ofreció a su esposo complacerlo en las fantasías sexuales que él quisiera tener.

Luego puso dos copas de vino en su mesa de noche y así empezó la seducción que terminó con la rutina aquella noche.

El otro consejo que me compartió fue el haber vuelto a los lugares que visitaban cuando eran novios, revivieron sus escenas amorosas desde sus inicios y evocaron recuerdos que los remontaron a esas memorias románticas del principio.

Consejos como éstos, entre otros, tales como caminar por la noche a la luz de la luna en una playa solitaria, hacer el amor en ese lugar donde nunca antes lo han hecho, preparar una cena romántica sin motivo son algunos ejemplos para quebrar la rutina.

Escribir una cartita donde le dices a tu pareja lo mucho que lo amas, preparar una receta afrodisiaca, o regalarle un juguete erótico

Terapia de Pareja

para que ambos jueguen, son detalles sensuales que tanto a hombres como a las mujeres les fascina y los ayuda a revivir esa llama del amor que la rutina podría estar apagando.

Las flores y las cajas de bombones son herramientas de bajo costo y muy eficientes para quebrar la rutina.

Los detalles de enviarle un ramo de rosas rojas cuando ella no lo espera y una caja de bombones que juntos disfrutarán en su cama antes de hacer el amor, son algunos ejemplos.

La pareja debe probar diferentes estrategias como lo hacen los científicos antes de iniciar una investigación.

La observación es el primer paso que usan los profesionales para formular sus hipótesis y más tarde desarrollan sus teorías sobre sus investigaciones.

Si deseas aplicar los pasos del método científico en tu relación, el observar lo que a tu pareja le gusta, es un buen inicio y el primer paso que te ayudará más a tu compañero(a).

Si sabes que a tu esposa le encantan las serenatas románticas o que la lleves a bailar, hazlo sin dudar, o si crees que a tu esposo le encanta que lo seduzcas con ropa íntima de su color favorito lo debes sorprender con estas prendas con frecuencia.

Estos detalles ponen un matiz diferente a tu relación con esa persona a la cual quieres mantener pendiente de ti por el resto de los días que te quedan por vivir.

Otros ejemplos que quiebran la rutina y que son de bajo costo, tienen que ver con actividades que están al alcance de cualquiera como lo son, cocinar juntos un platillo nuevo, desayunar un sábado en la terraza, buscar un libro que puedan leer y comentar juntos.

Esos momentos en comunión, aunque no envuelven directamente actividades eróticas, sacan la pareja de su rutina y calientan los motores para que la relación íntima se disfrute más.

Cabe recordar y mantener en cuenta que para que la relación sexual sea exitosa y sensual, la mente debe estar preparada y las emociones dispuestas para la primera etapa que es el jugueteo amoroso con tu pareja.

Muchos estudios han comparado la mujer con el horno, el cual hay que precalentarlo antes de introducir el pastel o el plato que se va a hornear.

Sonia B. F. Arias

Lo mismo ocurre con la mujer, ella necesita ese periodo de calentamiento que puede empezar desde temprano con pequeños detalles como los que menciono arriba para que en el momento de la penetración ella esté lista para disfrutar el momento y experimentar un orgasmo.

Pienso que las parejas deberían escribir diariamente un detallito aunque sea pequeño con algo que podrían usar para sorprender a sus parejas.

Esos detalles son las vitaminas que alimentan la relación y la fortalecen.

Mensajitos inesperados con palabras bonitas, escritos en una servilleta, caricias, besos y masajes sorpresivos, son detalles que cambian la rutina de cualquier pareja.

Es muy triste ver hoy día que las parejas han caído en tantas rutinas debido a la tecnología.

En estos tiempos modernos donde las redes sociales son tan importantes para nosotros, cada uno tiene su propia computadora y muchas veces están en su cama, juntos pero la distancia emocional es abismal.

Las redes sociales contribuyen muchísimo a la separación de la pareja, los deportes y la televisión muchas veces también son culpables indirectos de ese abismo emocional que se abre entre ambos.

No quiero excluir las telenovelas en el caso de las mujeres las cuales muchas veces desatienden a sus esposos para mirar los episodios mientras ellos en otro televisor miran un partido de futbol.

La televisión, el celular, los mensajes de texto, los tan famosos juegos de las redes sociales deberían ser puestos en pausa durante las horas en que la pareja está en la intimidad de su dormitorio.

Cualquier actividad que no pueden hacer juntos sea por las circunstancias que sean, marchita el amor, peor aún, le quita el sabor y el condimento a la relación.

Muchas mujeres que me escriben me dicen que su relación fracasó porque ella se aburrió de los fines de semana viendo a su marido frente al televisor, tomando cerveza con un par de amigos y mirando su deporte favorito.

Los hombres se quejan de que su mujer ya no les presta atención pues todo el día o el fin de semana pasan con su celular en sus manos enviando textos a sus amigas o hablando con sus vecinas.

Terapia de Pareja

Yo me pregunto porque estos hombres y estas mujeres no hablan con sus parejas y toman la iniciativa de redirigir la actividad a algo que les guste a ambos en lugar de quejarse conmigo.

Porque no hacer proyectos juntos como construir un rompecabezas de un castillo medieval, trabajar en una huerta, pasear a la mascota o llenar la tina del baño con perfumes y aguas burbujeantes y espumosas y aprovechar esos momentos para dialogar, reír juntos, contarse uno al otro un resumen de lo que fue su día de trabajo.

Algunas de las personas que me escriben temen a cambiar las rutinas en su relación, unas lo hacen porque sienten que están tan acostumbrados a una relación que no funciona que no sienten ánimo de intentar nada para mejorar sus vidas.

No creen que cambios como los mencionados arriba pueden hacer una diferencia porque consideran que su relación agoniza día a día y se encuentra en estado comatoso.

La pregunta que siempre les hago, es "prefieres no intentar nada y dejar que la relación muera?" Si se tratara de tu salud o la de tu ser amado, te tirarías en una cama a esperar la muerte o agotarías las opciones que el médico te ofrezca para tratar de salvarle tu vida.

Exactamente esto es lo que ocurre cuando no estás a gusto con tu relación o como te trata tu pareja. En el fondo quisieras que ella o él cambiara su actitud pero de algo que no te das cuenta es que la persona que tiene que cambiar su actitud eres tú y no la de él o la de ella.

Recuerda que cambiar a tu pareja no es tu trabajo, ni tampoco es algo que está bajo tu control hacer. Lo que si puedes hacer es transformar tus rutinas en detalles que ayuden a la relación para convertirse en algo que provoque al otro a cambiar su actitud y a meditar en los aspectos que están bajo su control.

Ten en mente que si tú te sientes bien en tu relación, tu pareja también estará bien, pues el bienestar de ambos es algo simbiótico, es una especie de retroalimentación por ambas partes.

Algunas de las excusas más comunes que he escuchado son que ninguno de los dos tienen tiempo para hacer nada especial.

Muchos culpan el cansancio, el estrés del día, los niños y los quehaceres domésticos que los agotan y en la noche no quieren otra cosa que ponerse sus pijamas cómodas y abrazarse a la almohada para dormir.

Esta mentalidad condiciona tu cuerpo físico, tu mente y tus emociones y no te permiten salvar tu relación. El secreto de una persona que quiere ser feliz en su relación con su pareja está en luchar por conquistar diariamente a ese ser del cual no quiere separarse y quiere que permanezca a su lado hasta que la muerte los separe.

La meta es que el ser al cual tu amas, se vea feliz y no convertido en un ser amargado y aburrido.

Tienes que procurar que tu pareja esté en tu casa porque te ama y no por razones financieras, por los hijos, ó porque no tiene una mejor opción donde ir a vivir.

Muchas veces las personas que son infelices en su relación de pareja, se llenan de culpa y experimentan emociones negativas y terminan frustradas pero no buscan una posible solución al problema.

No se dan cuenta que su relación está muriendo día con día porque la rutina la está matando y ellos no están aplicando el antídoto que resucitaría esos momentos que están quedando sepultados entre los escombros de lo que fue una relación bonita tiempo atrás.

Además de los consejos que hemos dado sobre como quebrar la rutina debes envolverte también en los intereses y pasatiempos de tu pareja.

Debes tratar de mirar los programas de la televisión que a él o a ella le gustan. De esta manera quizás tu pareja se interesará en tus pasatiempos o en tus programas favoritos.

Como dije antes el juego amoroso es algo recíproco, disfruta lo que a esa persona que amas le gusta hacer y verás que tu pareja hará lo imposible por agradarte y complacerte a ti también.

Utiliza tu contacto físico como una arma poderosa y siempre hazlo con una sonrisa en tu rostro.

Este contacto físico influye en tu estado mental y en el de tu pareja también.

Si quieres ser feliz no te sobrecargues de trabajo y actividades que te separen de él o de ella.

Si tu pareja tiene hábitos que te disgustan como el dejar sus pantuflas en la cocina, dile con cariño haciéndole una broma tonta o dulce que las ponga en su lugar.

Terapia de Pareja

No corrijas a la persona que amas ni lo critiques constantemente. No le reclames del porque se le olvidó en la mañana despedirse con un beso.

Simplemente enfócate en revivir la relación con esos pequeños detalles y no te enfoques en lo negativo.

Algunas veces los detalles negativos son cosas sin importancia pero alejan y separan a tu pareja lentamente.

No gastes mucha energía en pensar cómo hacer feliz a tu pareja. Recuerda el primer consejo, si tú estás bien, tu pareja también lo estará.

Levanta tu autoestima, lee libros de auto ayuda, esmérate en que tu compañero(a) siempre te vea feliz y no amargado(a) o de un constante mal humor.

En resumen ámate para que te amen, sé feliz para que tu pareja sea feliz contigo, cuídate para que te cuiden como quieres y respétate para que el ser que amas te respete.

Antes de terminar de escribir este capítulo, quiero dejar muy en claro que una cosa es tratar de complacer a tu pareja y hacer que se sienta bien y otra cosa es perder la dignidad pues si él o ella ya te han dicho que no te aman y tu insistes en resucitar algo que ya murió, permíteme decirte que estás perdiendo tu dignidad.

Recuerda que el médico trata todas las opciones para salvar al paciente antes que éste muera pero una vez muere, el único rol que el doctor tiene es firmar el acta de defunción.

La dignidad es algo que se construye internamente y por lo tanto ningún ser humano debe permitir convertirse en un objeto de ultraje o humillaciones.

Uno de los fundamentos de la dignidad es el auto respetarse, y el auto amarse. La dignidad implica merecer lo mejor y no dejarnos pisotear, verbal, física o emocionalmente.

La dignidad va de la mano con nuestro auto estima pues nos impide ser utilizados o explotados en la relación de pareja o de cualquier otro tipo.

Los consejos sobre cambios que he dado en este capítulo están dentro del marco de una relación entre dos personas que ambos desean mantener porque se aman.

Sonia B. F. Arias

El estado de tu relación yo no lo sé, pero tú que estás leyendo mi libro si la conoces muy bien. No hay dos relaciones de pareja idénticas.

Somos seres únicos y estamos en control de nuestros problemas y también de las soluciones de los mismos. Recordemos que somos los autores, los directores y los protagonistas de la película que cuenta nuestra historia.

Si te sientes vacío o insatisfecho en tu vida en pareja, es porque no estás viviendo saludablemente.

Recuerda que no todo lo que te inculcaron tus padres durante tu infancia es infalible, nosotros somos copias de copias y así lo son nuestros padres.

Una muchacha que conocí hace tiempo era hija de un sacerdote episcopal y su padre siempre le había dicho que cuando se casara, ella debía tener "sexo casto" con su marido.

Ella me contaba que su esposo la había abandonado a los dos años de casados porque a ella le daba pena desnudarse cuando tenía relaciones sexuales con él y siempre apagaba la luz para que él no la mirara.

El hombre terminó uniéndose a una mujer que bailaba en el tubo de un cabaret cercano a su trabajo.

Si bien es cierto que nosotros no podemos cambiar el pensamiento o las creencias de nuestros padres o parejas podemos cambiar los patrones que fueron implantados en nuestras mentes y juzgar por nosotros mismos con criterio propio.

Como mencionaba arriba, si decidimos hacer cambios grandes o pequeños para que la relación funcione mejor, debemos hacerlo sin irrespetar nuestras propias creencias y valores morales basadas en lo que creemos y no en lo que nuestros padres nos dijeron.

Debemos recordar que dentro de nosotros está esa voz que conocemos como la intuición, esta vocesita constantemente nos habla al oído para comunicarnos información importante que muchas veces ignoramos.

La mayoría de las decisiones que toma el ser humano son basadas en esa voz interna. Sin embargo muchas veces nos confundimos y no seguimos nuestra intuición por temor a equivocarnos.

Algunas veces ese temor nos paraliza y lo usamos como un mecanismo de defensa para escudarnos en nuestras inseguridades y

Terapia de Pareja

falta de confianza en nosotros mismos, sin darnos cuenta que el temor nos limita y no nos permite avanzar.

El secreto para confrontar el miedo es recordar que los regalos vienen atados por muchas cintas. Tienes que quitar esas cintas y desenvolverlos para disfrutarlos.

Muchas veces el temor es lo que más limita nuestra voluntad y sofoca nuestro espíritu. El miedo ata tus manos y las posibilidades de vivir una vida plena y feliz.

Cree en ti mismo y alcanza lo que te propones, no te dejes vencer por palabras tales como "es imposible lograrlo" cámbialas por "es difícil pero si me empeño lo logro".

Confía en tu intuición y apóyate en esa voz que te dice internamente que puedes lograr lo que te propones y vivir una relación plena con tu pareja.

Puedes vivir una vida llena de satisfacciones para que tu relación perdure por siempre.

Sonia B. F. Arias

Terapia de Pareja

3

Los celos reales vs. patológicos

Entre las cientos de cartas que recibo semanalmente he escogido estas tres. He cambiado los nombres de las personas que las escribieron para mantener la privacidad y confidencialidad de las mismas.

El tema de este capítulo es la celopatía. Esta diríamos "enfermedad" que padecen algunos hombres y mujeres.

La celopatía es algo que podría provenir de una falta de confianza en las personas por traumas de abandono del padre o la madre durante su infancia.

Los celos no son otra cosa que una gran inseguridad y en la mayoría de las veces causan enormes estragos en los matrimonios pues los hombres y mujeres que los padecen toman el rol de detectives privados con su pareja.

Su pareja termina por hastiarse del control excesivo y la vigilancia extrema y terminan por abandonar la relación sin volver atrás.

He aquí la primera carta que vamos a analizar en este capítulo:
Leticia escribe:

"Hola, tengo diez meses de relación con mi pareja. Durante todo este tiempo él siempre ha sido celoso pero sus celos cada vez son más fuertes. Al principio de la relación él se enteró de que un novio que yo había tenido anteriormente me había sido infiel.

Desgraciadamente lo conoció en una fiesta y desde entonces no lo puede escuchar su nombre, ni ver nada que tenga que ver con él.

Ultimamente ha estado revisando mis páginas sociales, y me pregunta por cada chico que tengo de amigo.

Me pregunta quienes son los que me comentan en lo que pongo en las redes sociales y he empezado a creer que conoce más del contenido de mi página que yo misma.

Sonia B. F. Arias

El otro día mi ex novio puso un comentario en una foto mía y mi novio me obligó a bloquearlo.

Yo le le dicho millones de veces que no lo engaño, le he dicho que olvide el pasado pero me dice que el pasado es imposible de olvidar.

Cuando me mira a los ojos, me da miedo pues su mirada me dice que está enfermo de celos.

Le he pedido que vaya a ver al psicólogo pero me dice que no le va a ayudar en nada y que si lo amo tengo que aceptarlo como él es.

En verdad siento que lo amo y no puedo vivir sin él, pero algunas veces se pone tan violento y me grita tan feo que me asusta.

Por favor dígame que puedo hacer".

En esta carta de Leticia me pude dar cuenta que a ella le gusta empujar los botones de su novio para que éste experimente celos con respecto a su ex pareja.

Si ella sabe que su novio no quiere saber nada de sus relaciones pasadas, por cual otro motivo que no sea para darle celos, iba a tener Leticia a su ex pareja en sus páginas de las redes sociales?

El ex novio hace un comentario en una de sus fotos y eso provoca la reacción en su novio actual.

Leticia quiere que su novio la cele y aunque siente que es algo peligroso, por la reacción que su novio tiene con respecto a todo lo que tenga que ver con su pasado, Leticia se arriesga y se expone al peligro con tal de provocar celos en su pareja.

Luego ella agrega en su carta que le pide que vaya él a buscar ayuda profesional. Lo trata como si él fuera un celoso enfermo y ella se excluye de recibir ninguna ayuda.

Ambos necesitan ayuda profesional y así se lo dije a ella cuando contesté su carta.

Si bien él es un hombre inseguro, violento y traumado probablemente por circunstancias de su pasado, ella también es co-dependiente de ese problema y se complace en provocar el que él tenga esos episodios violentos.

Ante los ojos de Leticia los celos enfermizos de su pareja son una señal de amor, ella cree que al celarla le está demostrando un amor incondicional, por eso dice que provoca los celos en él.

Lo que Leticia no sabe es que está exponiéndose a que la golpee y hasta la mate si ella avanza en sus provocaciones porque podrías

Terapia de Pareja

estar llevándolo a extremos en los cuales este hombre podría perder los estribos.

A continuación explicaré un poco más a fondo la diferencia entre los celos fundados y los infundados.

Todos tenemos un pasado que no podemos borrar. Este pasado condiciona nuestro presente y nuestro futuro en cierta manera.

Si bien es cierto que los errores cometidos en el pasado no los podemos enmendar en la mayoría de las veces, también es cierto que aprendemos de ellos grandes lecciones que quedan grabadas en nuestras mentes.

Al empezar una relación con alguien, el pasado no debería estar en el medio.

El que su pareja tenga buenos o malos recuerdos de su pasado con otras ex parejas no impide que una nueva relación no sea exitosa, por tanto la sombra de ese pasado no tiene porque perseguir la nueva relación.

Los celosos enfermizos, piensan que sus parejas los comparan con las personas que formaron parte de su vida tiempo atrás. La sola sospecha de que esto sea así, resulta en algo tormentoso e insoportable para el celoso enfermizo.

Como dije anteriormente, los celosos enfermizos son personas muy inseguras en todo sentido. No solo desconfían de las ex parejas pero también de sus propios familiares.

Muchos celan a sus parejas hasta con los hijos de parejas anteriores.

Los celos son algo normal si son razonables. Es un instinto que la persona puede experimentar.

Es natural que la pareja quiera ocupar el primer lugar en la vida de su amado(a) y no querer compartir esa felicidad con nadie, pero cuando estos celos son excesivos e irracionales se convierten en patológicos y es ahí cuando el problema comienza.

Cuando existe el respeto mútuo en la pareja, ninguno de los dos hace nada que fomente celos de ninguna clase entre ellos.

Durante la primera escena de celos que se suscita en una relación de pareja, ambos deben aplicar el discernimiento y evaluar si ese altercado tenía bases firmes, basadas en hechos evidentemente claros.

Si los celos son infundados y no hay evidencia por la cual las escenas de celos tomen lugar, es obvio que se está viviendo en una relación disfuncional, junto a una persona que padece de celos patológicos.

Si la pareja no busca ayuda en ese momento, la relación se convertirá en algo crónico que terminará por contaminarla a tal punto de destruirla por completo.

Una pareja que se ama quieren complacerse el uno al otro para vivir una relación feliz.

Para poder ser felices no tienen porque estar pegados las veinticuatro horas del día el uno del otro.

Uno de los beneficios de una relación saludable es el poder disfrutar de actividades independientemente con sus amigos y confiar plenamente que ambos están respetándose mutuamente.

El convivir momentos bellos con la pareja no significa convertirse en un esclavo ni tampoco dejar atrás todos los amigos y las actividades que nos gusta hacer.

Aquel que sufre de celos enfermizos se aferra a la idea de que si permite que sus parejas se relacionen con terceras personas, corre el riesgo de ser traicionados.

Estas personas tienen baja autoestima y no confían ni en ellos mismos, mucho menos van a confiar en su pareja. Estos problemas de auto estima provocan sentimientos negativos que atentan contra cualquier relación, creando vínculos de dependencia.

El celoso enfermizo se siente inferior a su pareja y se obsesiona con la idea de pensar que ella o él va a buscar otra persona superior y es por eso que revisa las pertenencias y redes sociales constantemente tratando de encontrar algún tipo de evidencia que justifique su manera de pensar.

Toda relación en la que la confianza está ausente, corre el riesgo de fracasar en cualquier momento. Muchas veces las relaciones con parejas anteriores se ven forzadas a continuar una relación respetuosa y amigable, especialmente aquellas que comparten hijos y necesitan ponerse de acuerdo con respecto a ellos.

En esos casos la pareja tiene que aceptar y tomar con naturalidad, los diálogos con sus ex parejas respectivamente. No deberían fantasear ni imaginar cosas que no son y sin ánimo de controlarse uno al otro no deben supervisar sus acciones.

El sentir celos por la ex pareja demuestra un algo grado de inmadurez, ya que los sentimientos no tienen por qué cambiar sólo por tener que dialogar o saludad a sus ex parejas.

Terapia de Pareja

Desde un enfoque psicológico, los celos son considerados como un "conjunto de sentimientos relacionados con una situación de rivalidad en la que el la persona siente amenazada la posesión de algo esencial para conservar la confianza y su seguridad".

En algunas culturas, los celos son considerados algo "normal", sin embargo cualquier ambiente cultural, los celos desestabilizan la relación de pareja y causa divorcios, agresiones verbales, físicas, homicidios y suicidios.

De acuerdo a la Organización Mundial de Salud los celos se consideran una enfermedad mental pues quienes los sufren viven una existencia desgraciada porque estas personas siembran su propia desdicha y tormento en sus mentes y también en la de su pareja y su familia.

Pues bien veamos que dice nuestra segunda carta que analizaremos:

Rolanda escribe:

"Mi situación es la siguiente. Llevo doce años de casada con dos hijos, un niño de diez y otra niña de dos. Yo tengo veintiocho y mi marido treinta y cinco. Yo me siento fea y pasada de peso.

Hace unos meses mi esposo ayudó a una muchacha a cambiar una llanta en la carretera.

El se fue con ella en el auto para ayudarla a llevar la llanta a reparar y me dijo que condujera nuestro auto y que lo esperara en nuestro hogar.

No regresó en varias horas, por eso lo llamé a su celular, pero no me contestó. Sospeché que estaba con ella y que aquel favor se había convertido en una cita.

Por fin horas más tarde, contestó su celular y me gritó diciéndome que yo estaba loca y que era una celosa frenética y ya no quería volver conmigo.

Le rogué que regresara y llegó tres días después. Cuando se estaba bañando revisé su pantalón y encontré unos cuantos condones en el bolsillo. En el paquetito venían tres y habían solo dos y conmigo nunca había usado uno desde que nos habíamos casado.

El punto es que ya no puedo más. Sé que se ve con la tipa pues he encontrado mensajes en su celular que dicen Te Amo, Ven, que te extraño.

Me he vuelto muy celosa y le reviso todo. Desgraciadamente siempre encuentro algún mensaje en el teléfono, lápiz de labio en la camisa y manchas misteriosas en sus boxers.

Sonia B. F. Arias

Me siento una mujer loca, y sé que lo tengo harto, pero creo que tengo razón, lo amo y no lo quiero perder pero no sé qué hacer. Ayúdeme por favor".

El caso de Rolanda es un poco distinto a la historia que nos narró Leticia.

Rolanda reconoce que ella es una mujer celosa, pero al mismo tiempo en este caso hay evidencia suficiente para que ella sospeche que su marido le está siendo infiel.

Ella no nos cuenta como enfrentó a su esposo cuando le habló al celular, pero definitivamente se deben haber cruzado palabras fuertes puesto que el hombre no volvió a su hogar en tres días.

Rolanda debería hablar con su esposo, buscar el momento preciso e invitarlo a que se sincere con ella, le diga la verdad si él se ha enamorado de esta muchacha a la cual ayudó a cambiar la llanta del auto.

Probablemente será difícil para Rolanda perdonar la infidelidad pero si su esposo pone de su parte y recibiendo terapia se deciden a continuar con su matrimonio abandonando su amante, podría darse una posibilidad de que esta relación se restaure.

Los celos fundados en una situación real como la mencionada, se basan en la preocupación por la pérdida de la persona amada y por el malestar causado al pensar en que la pareja esté con alguien más.

La tercera carta la escribe Maricruz y dice lo siguiente:

"Llevo 4 años con mi pareja y creo que lo amo. Al principio era una relación muy linda. Yo podía irme tres semanas a mi país y ni siquiera se me cruzaba por la cabeza que él me engañaría o me faltara el respeto de alguna manera.

Pero de un tiempo para acá las cosas cambiaron. Soy una mujer muy celosa, y le hecho demasiado daño a mi relación.

Mi pareja terminó conmigo pues ya no me aguantaba porque le reclamé pues encontré un mensaje de texto para una mujer en la cual el le ponía Hey!! el cual él nunca contestó y por eso no pude probar una infidelidad.

Nos íbamos a casar pero ahora mi novio no quiere pues dice que yo le haría la vida un infierno. No sé si vivo una realidad y él me es infiel o si todo es parte de mi mente enferma como él me lo dice. Sé que lo perdí y él dice que yo soy la culpable.

Que puedo hacer para controlar mis celos y pensar diferente. Cada vez que siento celos trato de acordarme que quiero probarle a él que he cambiado.

Por favor ayúdeme pues quiero conquistar nuevamente a mi pareja".

Terapia de Pareja

En este último caso, no es el hombre quien es celoso y controlador sino Maricruz, quien perdió a su ex pareja por sus celos enfermizos como lo asegura ella misma.

Ella solicita ayuda pues está consciente de lo que está haciendo con su vida y como destruyó una relación con su pareja que pudo haber sido buena y no funcionó debido a sus celos injustificados.

Los celos patológicos generalmente se enfocan en las personas más cercanas, no solamente en la pareja, pero en los hijos y algunas veces hasta en los padres.

Este tipo de celos se convierten en un tormento para quien los padece y en la mayoría de los casos vienen acompañados de intensos sentimientos de inseguridad, de hostilidad y depresión.

Estas personas causan desestabilización en la vida de su pareja, y dan cabida a divorcios, conflictos, agresiones verbales y físicas.

En algunos casos pueden provocar tragedias mayores como homicidios o suicidios de uno o del otro.

Es por eso muy importante identificar los síntomas de una persona que padece de celos enfermizos pues muchos hombres y mujeres, aunque no lo crean padece de este mal.

El primer paso de una relación, como dije en el primer capítulo, generalmente se basa en la atracción física. Sin embargo conforme pasa el tiempo la pareja se retroalimenta con amor, respeto, estabilidad y no solo de sexo como muchos piensan.

A medida que la relación avanza y conocemos más a la otra persona, nos da la impresión que nos casamos con un extraño (a).

Es en ese momento cuando salen a la luz muchos aspectos de cada uno y entre ellos los celos y el control.

Estas actitudes que hasta ahora habían estado encubiertas deterioran poco a poco la relación.

Es por ésto que muchos dicen que vivir bien con la pareja es algo difícil pues se necesita, la confianza y el respeto de ambas partes.

En mi caso en particular, los celos siempre estuvieron ausentes, desde el día que nos casamos dejamos muy en claro que el día que una tercera persona entrara en nuestras vidas, íbamos a ser los suficientemente honestos para confesarlo y la relación terminaría.

Por mi parte lo cumplí pero por su lado el falló en sus promesas pues aunque no tuvo relaciones largas con amantes oficiales, sé que varias veces me fue infiel.

Sonia B. F. Arias

Lo que hace que una relación fracase es la falta de respeto, de honestidad y de aceptar el hecho de que el amor ha muerto.

Muchas de las personas que se quedan en la relación por los hijos o por motivos financieros se convierten en esclavos de algo insostenible que los atrapa en un mundo de negación y de mucho dolor.

Los celos enfermizos, se pueden considerar como una enfermedad porque el que los sufre se obsesiona a tal punto que afectan su comportamiento.

Estas personas están constantemente acechadas por sentimientos negativos de ira, de mal humor, temor, baja autoestima e inestabilidad emocional.

Su comportamiento es impulsivo e intolerante por la incapacidad de frenar pensamientos que le ocasionan distorsiones mentales y eso los hace sufrir problemas psicológicos y físicos como insomnio y alteraciones cardiovasculares como presión sanguínea alta o dolores de cabeza y mareos.

Los estudios realizados en un grupo significativo de celosos enfermizos prueban que las reacciones de los hombres son distintas a las de las mujeres.

Los hombres sufren de celos sexuales y las mujeres de celos emocionales. Para los hombres es más duro pensar que su pareja se acostó con otro individuo. Mientras que para ellas el temor es que su pareja se enamore de alguien.

Las mujeres manifiestan sus celos comportándose histéricamente y amenazando con suicidarse. Se sienten culpables y se preguntan en que fallaron.

Los hombres por el contrario reaccionan comportándose paranoicamente y su actitud es más agresiva.

Los celos patológicos están altamente ligados a diferentes trastornos de la personalidad, los cuales le dan a la persona una percepción diferente de la realidad.

Las personas con este tipo de trastornos son mal pensadas, recelosas, siempre piensan que los demás les están intentando engañar o perjudicar de algún modo.

Por esto suelen estar alerta a todo lo que otros dicen o hacen. Malinterpretan muchas veces sin motivo, acciones que hacen sus parejas y piensan que están tramando algo contra ellos.

Terapia de Pareja

No creen en la lealtad de su pareja y siempre piensan mal de los desconocidos, incluso de las personas más allegadas.

Esta falta de confianza la transmiten a los demás, de tal modo que se crea una mutua sensación de desconfianza, generada por ellos, que sirve para reforzarles en su actitud inicial.

Estos individuos suelen tener siempre en la cabeza la posibilidad que su pareja les pueda engañar en todos los planos, no solamente a nivel sentimental, sino también en el aspecto económico, con respecto a los hijos, etc.

Sonia B. F. Arias

Terapia de Pareja

4

La comunicación efectiva con tu pareja

Uno de los aspectos más importantes en una relación sentimental es la comunicación efectiva y respetuosa por parte de ambos.

En estee aspecto mi matrimonio tuvo uno de los mayores problemas pues no nos comunicábamos efectivamente.

Yo lo culpaba a él por sus agresiones verbales y emocionales y por la ausencia de una comunicación efectiva para discutir los errores que yo cometía.

Mi reacción después de una discusión acalorada era no hablarle por semanas. El por su parte hacía lo mismo. Eso desembocaba en una situación difícil, casi imposible de llevar.

No es nada fuera de lo común que una pareja se altere cuando tienen una discusión.

Sin embargo después de discutir acaloradamente, los resentimientos quedan, las palabras fuertes que se dijeron en el momento, se arraigan en el corazón del que se sintió ofendido y pueden llegar a dañar la relación conforme pasa el tiempo.

Conforme pasan las horas, los días y algunas veces los meses, ambos tratan de calmar sus ánimos y ambos intentan por todos los medios que la comunicación se restaure, pues ninguno de los dos quiere que la relación termine en una ruptura definitiva.

No todas las personas reaccionamos de la misma manera. Algunos, alimentan sentimientos negativos y su ira aumenta porque no saben canalizar ni expresar lo que sienten y esas emociones, con el tiempo se convierten en rencor.

Cuando las discusiones acaloradas se aclaran y ambos reconocen que cometieron un error, la pareja se pide perdón y la comunicación se abre nuevamente.

Sin gritos ambas partes se dan la oportunidad de disculparse y analizar sobre lo que sucedió, y lo que condujo a que perdieran el control.

Varios estudios en el aspecto psicológicos que se refieren a la relación de pareja han comprobado, que todos los hombres al igual que todas las mujeres que han sido entrevistadas, lo que más desean es ser comprendidas por sus parejas.

Muchos hombres optan por alejarse de sus parejas pues sienten que están en un salón de baile, bailando a un ritmo completamente distinto del de su compañero(a).

Recientes estudios del cerebro humano han descubierto que cuando las personas están heridas o cuando se enojan, estimulan las hormonas cerebrales que producen el estrés y ésto ocasiona que la parte racional del cerebro se bloquee.

Cuando el cerebro no puede pensar racionalmente, no es el mejor momento para discutir pues las personas enojadas no discuten, sino que gritan y pierden el control.

Este es un error que cometen muchas parejas. Despues de una discusión acalorada lo más aconsejable es alejarse de su pareja por lo menos por una hora hasta que los ánimos se calmen y la comunicación efectiva pueda tomar lugar.

Durante la hora o los minutos en que están separados, pueden reflexionar en su comportamiento, las razones de la discusión y las posibles soluciones para hablar del problema que inició el altercado.

Un paso importante para que la comunicación con la pareja sea efectiva es abandonar el afán de tener la razón absoluta y querer ser el único ganador de la discusión.

Si la única intención de la discusión es tomar control absoluto de la conversación y negar los derechos a la otra persona de discutir sobre sus puntos de vista, la comunicación efectiva no va a tomar lugar hasta que lleguen a un punto medio en que ambos queden satisfechos.

Lo importante no es saber quien tiene la razón, lo más importante es aceptar con humildad que ambos cometieron el error de exaltarse y tienen que disculparse por ello.

Un sabio dijo una vez: "El orgullo tiene que ver con quien tiene la razón y la humildad tiene que ver con que es lo que hay que hacer para actuar correctamente"

Terapia de Pareja

Al inicio de la relación toda pareja acepta el punto de vista del uno del otro. El poder ver el punto de vista de la otra persona es muy importante pues asi se pueden comprender mejor en su relación.

Al aceptar el punto de vista de la pareja es intentar comprender lo que el otro quiere expresar u opina sobre el asunto que está en discusión.

El asunto es tratar de ponerse en los zapatos de la otra persona para poder entender su punto de vista.

La comunicación va mucho más alla que articular unas cuantas palabras.

Es muy importante el tono de voz y el lenguaje corporal que se use a la hora de discutir un asunto pues estos son los transmisores directos que muestran si la persona está calmada o enojada.

Aunque parezca difícil dominar estos aspectos del lenguaje corporal y el tono de voz hay que practicarlos a la hora de discutir si es que se quiere tener una buena relación con la pareja.

El objetivo de una discusión no es demostrar poder y tratar de controlar uno al otro ni mucho menos salirse con la suya.

La meta es buscar soluciones positivas entre ambos para crear una union sólida y duradera.

Para expresar el punto de vista no hay necesidad de gritar. Para decir lo que se piensa no hay necesidad de ofender. Para mantener una relación estable debemos aceptar la posibilidad de que podemos estar equivocados.

Es de humanos el experimentar ciertas dificultades para transmitir nuestros pensamientos y comunicarlos a otras personas especialmente a la pareja y a las personas cercanas como familiares biológicos o políticos.

Aunque creamos que es nuestra boca y nuestras cuerdas vocales las que efectúan el trabajo a la hora de discutir, son las emociones las que manejan nuestro lenguaje.

En este capítulo les presentaré diez estrategias que podemos poner en práctica para tener una mejor comunicación con la pareja sin que los sentimientos por ambas partes queden heridos a la hora de tener una discusión .

La regla número uno es básica y es que para comunicarnos bien no basta saber lo que queremos expresar sino saber expresarlo.

Sonia B. F. Arias

La segunda regla es saber escuchar. Escuchar es esencial antes de comenzar a debatir sobre cualquier tema. Cuando estamos obsesionados y enojados no escuchamos ni siquiera lo que nosotros estamos diciendo.

Nos enfocamos tanto en querer tener la razón que nos cegamos a verdades que el otro pudiera estar diciendo con tal de convencernos a nosotros que estamos en el punto correcto y que la otra parte está equivocada.

Hay que prestar atención a lo que estamos diciendo y como lo estamos diciendo para luego preguntarnos si eso era lo que queríamos decir o nos estamos dejando llevar por nuestros instintos de querer tener siempre la razón.

La tercera regla es la certeza de saber que no somos infalibles. Todos los seres humanos cometemos errores. No es humillarse el discutir sobre algo y escuchar la opinión del otro para darnos cuenta si estábamos en lo correcto o si habíamos cometido un error.

La cuarta regla es hacer contacto visual con la pareja. El mantener el contacto visual, le envía el mensaje a la persona con la cual se discute, que uno está escuchando y quiere a la vez ser escuchado. El contaco visual demuestra al otro la seguridad que tenemos en nosotros mismos.

Además de que al no quitar la vista de sus ojos se puede observar su lenguaje corporal en sus expresiones faciales. Se hará más fácil entender el punto de vista de la pareja sin evadir su mirada.

La quinta regla para eliminar la tensión en una discusión es usar un poco de humor. El humor puede hacer maravillas y las personas tienden a bajar la guardia cuando la discusión toma un rumbo amigable.

Por supuesto este tipo de humor no puede ser sarcástico ni irónico pues se tornaría en algo aún más ofensivo para la pareja.

La sexta regla tiene que ver con no tomar una posición o estado prepotente de "sabelotodo" en la discusión. La prepotencia no funciona.

No te sientas superior y trates de achicar el punto de vista de tu pareja. Recuerda que comunicarse es interrelacionarse.

No puede haber una comunicación efectiva si la comunicación es vertical. La relación de pareja debe tener una comunicación al mismo nivel, no puedes sentirte superior ni tampoco inferior a tu pareja.

Terapia de Pareja

La sétima regla es no ser, primero yo, segundo yo y tercero yo. Ten cuidado con este error que se comete muchas veces. Admite que cuando discutes con tu pareja podrías asumir el rol del rey del universo y que nadie puede debatir tus opiniones creyendo que eres el único que no se equivoca.

Cuando discutas con tu pareja deshecha ese egoísmo absurdo. La base de la comunicación efectiva es aprender de otros lo que no sabemos. La comunicación es un camino de dos vías donde dos personas hablan y no se interrumpen.

En la comunicación efectiva se dice algo y se escucha, se da información y se recibe pero sobre todo se entiende el punto de vista de la otra persona y se reconocen los errores.

La octava regla es usar la estrategia de una hermosa sonrisa en tu rostro. Una sonrisa es una arma poderosa porque lo dice todo. El hacer muecas con los ojos o la boca o fruncir el ceño no ayuda cuando estás discutiendo. La sonrisa, en cambio te permite expresar muchas más cosas y dice mucho de tu persona. Una sonrisa siempre abre puertas especialmente las de la comunicación efectiva.

La novena regla es guiarse por modelos positivos que son un ejemplo a seguir. Recuerda a dos personas que por su forma de comunicarse te hayan impactado tu vida de una forma positiva. Usa a estas personas como tu modelo y recuérdalas cuando vas a entablar una discusión con tu pareja.

Estas personas podrían ser otra pareja tal como tus padres, tus hermanos o los padres de tu pareja. Deben ser personas que tu admiras, por la manera como se comunican.

La décima y última regla es estar preparado para debatir sobre un tema. Quítate la idea de la mente que la preparación no es solo para dar grandes discursos o para grandes eventos. Las posibles preguntas y respuestas a las situaciones que se van a discutir es importante que las analices antes de iniciar una discusión sobre cualquier tema.

El estar preparado para exponer tu punto de vista incluye el tener razones válidas que puedes traer a la discusión que expliquen claramente la opinión que vas a expresar.

A continuación expondré cuales son las principales barreras en la comunicación de pareja:

Sonia B. F. Arias

Cuando nos comunicamos sucede igual que cuando escuchamos la radio, hay ruidos e interferencias y el que escucha no entiende lo que uno quiere decir, por eso debemos tener extremo cuidado cuando decimos algo y como lo decimos.

Para evitar malos entendidos, es importante no asumir y hacer las preguntas que sean necesarias para estar en una misma sintonía.

Hay algunas barreras que podrían impedirnos escuchar u oir lo que la otra persona dijo.

La prisa es uno de los peores enemigos de la comunicación. Cuando se trata de discutir sobre un tema a la hora inapropiada tu pareja podría estar pensando en otras cosas importantes que tiene que ir a hacer y no estar poniendo la debida atención a la conversación.

Debes buscar un momento en que ambos estén relajados para discutir un tema importante.

Cuando se trata de discutir algún tema delicado los teléfonos celulares deben apagarse y también la televisión y el radio. Si es que hay hijos que puedan interrumpir, hay que esperar que éstos estén en sus dormitorios.

Cuando tu pareja llega cansado o cansada del trabajo no es el mejor momento para hablar sobre un tema importante. Hay que buscar el momento apropiado, como caminar alrededor del vecindario ó en una cena de dos.

Nunca empieces a discutir sobre un tema cuando están cansados pues tu pareja podría estar de mal humor y la comunicación no sería del todo efectiva.

Los momentos de intimidad son ideales para discutir asuntos de pareja. Estos son momentos donde no hay presentes terceras personas que los interrumpan.

En el momento de discutir sobre un tema delicado la pareja está compenetrada y la discusión tendrá un ambiente confortable y discreto.

Las redes sociales se han convertido en el enemigo número uno de la comunicación con la pareja.

Muchas veces las personas están tan conectadas con otras personas por medio de la tecnología que se olvidan de conectarse con esa persona que está tan cerca y duerme con ellos en su cama diariamente.

Terapia de Pareja

Los mensajes de texto no son aconsejables para discutir un tema importante pues interfiere de forma negativa. La mejor manera de tratar un tema importante es hablar cara a cara. No es malo hacer una cita por medio de un texto para conversar con tu pareja pero nunca el tema debe tratarse por medio de mensajes de texto o a través de correo electrónico.

Discutir es algo sano, es algo que toda pareja debe hacer de vez en cuando pero hay que cuidar mucho las palabras, la mala interpretación que se dé a lo que deseamos transmitirle al otro y el respeto con que se lleva a cabo la discusión.

Nunca tomes la actitud de que una discusión es una guerra en la que tu tienes que ganar y el otro perder.

No te quedes con nada importante dentro de ti. No reprimas nada que más tarde se va a transformar en un resentimiento.

No acumules cuentas pendientes pues cuando explotes lo harás violentamente.

Tampoco evites discutir sobre un tema que es importante para ti. Hacer como que no te importa el asunto no es una buena táctica.

No saques temas ya discutidos en el pasado cuando discutas con tu pareja pues empeorarás la situación y ambos terminarían gritando.

No dejes a tu pareja con la palabra en la boca. Escucha lo que el otro tiene que decir sin interrumpirlo. Recuerda que lo que esa persona que tu amas quiere decir, es importante para ambos.

Si la comunicación no es posible, por el motivo que sea, busquen la figura de un mediador para poder hablar.

Cuando la relación está en crisis un terapista de pareja podría ser ese mediador.

Recuerda que hay épocas del año en las que las parejas discuten más. En las vacaciones de verano y las navidades, muchas veces las diferencias de opinión aumentan porque las parejas conviven mucho más tiempo juntas que en tiempos normales.

Las crisis económicas también ponen a prueba el amor en la pareja y son motivo de discusiones acaloradas muchas veces. Si tu pareja pierde su trabajo, toma eso como un problema temporal y no eterno y piensa que algún día verán la luz al final del túnel.

La buena comunicación fortalecerá la relación íntima y ambos vivirán gozando de las ventajas y beneficios de compartir

Sonia B. F. Arias

agradablemente sin que el rencor y los resentimientos se apoderen de la relación algún día.

Terapia de Pareja

5

La infidelidad, algo difícil de perdonar

Recibí esta carta de una persona que experimentó en carne propia lo que es sentirse traicionada por su pareja en la cual había puesto sus sentimientos y su seguridad.

Leyendo esta carta cualquiera que ha vivido una situación familiar puede darse cuenta cuán profundo es el dolor de una infidelidad cuando nos toma por sorpresa.

Todos llegamos al altar ilusionadas con que todo va a ser felicidad y que esa luna de miel que vivimos en ese momento va a perdurar por el resto de nuestras vidas.

Podemos ver nuestro matrimonio perdurado en nuestros hijos y nietos y creer que todos en una larga mesa algún día disfrutaremos de una armonía familiar como se ve en una novela de amor con un final feliz.

Muchas veces como en el caso de esta persona que me escribió la historia de amor es atacada por el cáncer invasivo de la infidelidad.

Leamos la carta de la cual les hablo:

"Qué llena de sueños y proyectos llegué al matrimonio ... me pasé la adolescencia pensando, planeándo lo que haría cuando llegara esa etapa de mi vida ...leí y puse atención a cuanto libro o consejo me llegaba ... quería enriquecerme con conocimientos cuando se presentara tal o cuál situación. Tuve muchos tropiezos en los noviazgos, en especial incomprensión de mis padres ... ninguno llenaba las expectativas ... joven, muy inocente, totalmente inexperta fué más difícil reconocer si en verdad en las diferentes negativas en algún momento tenían razón ...nunca lo voy a saber!

A brincos y saltos tuve varios noviecillos con quien muchas veces terminé para evitar las contrariedades y negativas hasta que conocí al que se convirtió en mi esposo.

Sonia B. F. Arias

Me acuerdo de la primera vez que nos vimos y de nuestras primeras salidas con otras amistades ... lo veo como si fuera hoy, sentí que estaba ahí con el hombre que yo sabía, que yo sentía me haría feliz por el resto de mi vida. Con él no fué diferente ... los peros no se hicieron esperar pero yo luché a capa y espada ... estaba tan enamorada y en cuanto hablamos de matrimonio me llené de ilusiones y no veía la hora de poner en práctica todos los conocimientos que había acumulado en cuanto a comportamiento con la pareja, arreglos concernientes a la casa, la ropa, la comida ... Tenía un buen trabajo y algunas economías por lo que empezé mi baúl de la ilusión ... Fuí comprando juegos de paños, sábanas, un lindo juego de ollas y todo lo que encontraba para llenar ese ´baúl´ tan lleno de ilusiones. Como también me gustan las manualidades y con los consejos de una amiga hice y decoré manteles, individuales y cosas de cocina, baño... algunas de estas cosas han resistido el paso del tiempo y todavía las conservo.

Por fin llegó el gran día y aún con las reservas familiares, todo transcurrió bonito y en paz ... por gusto mío, se planeó algo sencillo pues nunca he sido ostentosa pero resultó entretenido y alegre para todos los asistentes y por supuesto para nosotros ... me sentía tan feliz!

Era tan ingenua, inocente y confiada y por el estilo de crianza o manera de ser de mis padres, no sabia nada de nada y prácticamente fui con los ojos vendados, a nuestra luna de miel....Con todo y mi inocencia, me dí cuenta que para mí estaba siendo difícil aceptar que ´así´ era? No tenía a quién preguntarle o consultar, además me daría pena averiguar sobre algo tan prohibitivo en esos días ... pensaba que seguro había entendido mal o imaginé y fantaseé más de la cuenta; en realidad no importaba, lo amaba tanto ... con hacerlo feliz, estaba feliz yo también, mi entrega era total y lo demás no importaba.

Me dediqué a tratar de hacer todo lo de la casa lo mejor posible, incluyendo mi comportamiento, para que estuviera contento, feliz ...eso era suficiente para mí! Traté de adivinar sus deseos, su humor y sus cosas favoritas para complacerlo en todo! En salidas prolongadas de trabajo lo extrañaba y no veía el momento que volviera a mí ... si me hubieran pedido mi sangre, la hubiera dado sin pestañear, de ese modo lo quería y creo que así debe ser para dar un paso tan serio como es el matrimonio ... y así transcurrieron los primeros años, los más felices ...!

Siendo muy ordenado, responsable y trabajador colaboré en la casa siendo también ordenada y cuidadosa en los gastos pues a solicitud de él había dejado mi trabajo.

Poco a poco logramos adquirir lo necesario para llevar una vida cómoda. Por motivos de trabajo tuvimos oportunidad de realizar algunos viajes y adquirir detalles y materiales especiales para nuestro futuro hogar, siempre alimentando los nuevos proyectos que iban surgiendo. Como cualquier pareja tuvimos ciertas

Terapia de Pareja

limitaciones económicas al principio pero dentro de las posibilidades, disfrutamos mucho y siempre él se portó muy espléndido en cuanto a la casa y nosotros mismos.

Con la ayuda de mi familia pudimos empezar a planear la construcción de nuestra casa y así en medio de mi primer embarazo, logramos dar los primeros pasos en vías a lograr nuestro sueño.

Casi al mismo tiempo de nacer nuestra primera hija, finalizó la construcción y pudimos instalarnos finalmente en la nueva casa; faltaban algunas secciones que luego iríamos terminando poco a poco ... lo principal era que ya estábamos ahí ...y que todo era mejor de lo que había soñado....!

No sé exactamente cómo o cuándo fué, llegó de la manera más inesperada, ...como un golpe en la oscuridad ... talvez por eso el golpe es tan doloroso... Son esos golpes que no se ven, que no dejan huella, moretes o cicatriz pero que son los que más duelen y perduran ... y mi copa rebosante de amor, se resquebrajó para siempre!

Quería todo de él, lo amaba tanto ... quería sus virtudes, sus defectos... pero esto?!?

Infidelidad, qué prueba tan dura en cualquier matrimonio ... qué se hace? cómo se arregla? En mi caso, siento que algo se rompió, que se fue para no volver ... nunca sería igual ... Perdón, promesas, muchas lágrimas y desilusión ... qué dolor! ... tenía que tratar de seguir, pero cómo? con la confianza perdida...??? Debía intentarlo a pesar de mi corazón quebrantado, tenía tanto Amor todavía. Volvían a mi mente los recuerdos del ayer tan dulce, confiado, lleno de días felices, días felices que no volverían ...y él en quien había puesto toda mi vida, mis sueños, mi confianza, todo mi corazón e ilusiones, estaba ahora tan lejos de mí...

Me encontraba tan sola y tristemente veía como nuestro amor agonizaba .... No podía creer que terminara así... Después de pensarlo mucho y atenida a todos los llantos y promesas, me arriesgué a dar otra oportunidad ... siguieron unos meses buenos pero siempre me sentía llena de angustia, de recelo y desconfianza ... no podía evitarlo, era más fuerte que yo ...

Me sentía sola en esta tan difícil prueba ... Excepto por unas cuantas amigas que me apoyaron y trataron de darme valor, no podía compartirlo con mi familia, no quería darles esa pena y que supieran cuánto estaba sufriendo...

Empecé a dar los primeros pasos hacia una recuperación, tratando de volver a sentirme más tranquila, pero qué desilusión tan grande al enterarme unos meses después de otra aventura ...y luego otra ... y luego más!

Durante todos estos años de golpes y engaños siempre sabía lo que iba a decir ... Me perdonas? Te amo! Voy a cambiar ... El problema fue que siempre me lo decía y después de mil promesas, hacía todo lo contrario ... Es tan difícil,

Sonia B. F. Arias

tan difícil amar y perdonar a alguien que habla una cosa y despúes hace otra. Además ya no comprendemos el sentimiento que hay dentro de nosotros, porque ese sentimiento se va transformando en otra cosa, se vuelve rabia, desprecio, soledad. Es ese el Amor en que hay que creer? que maltrata, que insulta ...?

Yo quería ser amada de verdad, no despreciada y los golpes aunque no sean físicos, nunca demuestran Amor o Cariño, ni siquiera consideración...Siento que no hice nada para provocar todo esto, pero... Quién lo hizo o por qué pasó???... Él? Yo? La Vida? No sé....? La vida...ahora realizo, que casi nunca es lo que uno sueña, lo que uno imagina... qué desilusión!

Nacieron dos hijas más y también nació el miedo de una separación ... me sentía responsable por mi familia, me asustaba quedarnos sin su respaldo y no poder enfrentar la crianza de nuestros hijos ... Mi salud estaba afectada por tanto disgusto, no me sentía capaz de salir, después de tantos años, a buscar un trabajo; supongo que me fuí acostumbrando a este estilo de vida y así transcurrieron un montón de años llenos de más bajos que altos, hasta que me pidió el divorcio por sentirse muy enamorado de su actual aventura....

En realidad fue un alivio en aquel momento pero ahora, viéndolo en la distancia, quisiera haber tenido la fortaleza de seguir aguantando, tolerando y talvez algún día recapacitara y pudiéramos disfrutar el final de nuestras vidas juntos, pero esto tampoco, nunca lo voy a saber...."

Desde tiempos antiguos cuando se instituyó en nuestra sociedad la pareja monogámica, la infidelidad ha sido motivo de sufrimiento para una innumerable cantidad de personas.

Sin embargo, este término tiene dos definiciones desde tiempos antiguos.

En Roma y en Grecia se consideraba infiel a un hombre que tenía relaciones sexuales con una mujer casada que no era su esposa, pero este mismo hombre podía tener relaciones con una esclava y no era considerado infiel.

El impacto que la infidelidad tiene en millones de parejas de todas las razas, nacionalidades y costumbres es tan fuerte que una gran mayoría de los que acuden en busca de ayuda a los consultorios de los terapistas lo hacen por esta razón.

Las encuestas demuestran que el noventa por ciento de las parejas casadas no toleran la infidelidad y que el quince de las mujeres y el veinticinco de los hombres han experimentado relaciones extramaritales.

Estas estadísticas son alarmantes y aparentemente están aumentando y las estadísticas dicen que en el 2040 el sesenta por

Terapia de Pareja

ciento de los esposos y el cuarenta por ciento de las esposas, tendrán una aventura extramarital por lo menos una vez durante su matrimonio.

La infidelidad deja secuelas tan graves y una vez se descubre, las heridas no sanan fácilmente y el daño que producen en el matrimonio nunca se repara por completo.

También hay aventuras fuera del matrimonio que dejan consecuencias a largo plazo como lo son enfermedades de transmisión sexual o un embarazo extramarital.

Las relaciones o aventuras fuera del matrimonio no siempre ocurren porque el matrimonio tiene conflictos. Algunos hombres o mujeres caen en una relación de este tipo para experimentar un placer que los haga salir de la rutina con su pareja y que sea lo suficientemente excitante para sentirse más jóvenes.

El adulterio ocurre tanto en matrimonios felices como en matrimonios disfuncionales. Algunos casos de infidelidad se dan porque uno de los dos es extremadamente celoso y acusa a su pareja injustamente de infidelidades inexistentes.

Otros casos se dan porque el matrimonio cae en rutinas y en una indiferencia a tal punto que tanto el hombre como la mujer al faltarle el afecto de su cónyuge busca amor en otros puertos.

La infidelidad vease desde el punto de vista que se vea es comparable con una enfermedad que ataca las raíces de una planta saludable y muchas veces la planta no sobrevive y muere.

La infidelidad conyugal también ha sido comparada con una enfermedad que carcome la relación y hace que el matrimonio sea invadido en su totalidad y como el cáncer se expande por todo el cuerpo.

Una investigación reciente hecha en el año 2011, asegura que no solo los varones son infieles por adicción sexual o por castigo. Tambien las mujeres son infieles por estas mismas razones.

Algunas de las declaraciones de tanto hombres como mujeres reflejan que el cónyuge infiel busca aspectos en su amante que su pareja no le ofrece, tales como intelectualidad, placer sexual o apoyo emocional.

Me acuerdo como si fuera hoy que la primera infidelidad por parte de mi esposo ocurrió cuando yo estaba embarazada de mi primera hija.

Sonia B. F. Arias

La infidelidad no se llevó a cabo porque la persona a la cual él quería conquistar era una amiga mía, podría decirse que era casi una hermana y ella no contribuyó a permitir la infidelidad.

Recuerdo muy bien cuando ella me llamó por teléfono el día en que yo le platiqué que iba a descontinuar amamantando a mi bebé porque ya tenía tres meses.

Ahi fue cuando me lo dijo y sus palabras jamás se me olvidarán "no te lo quise decir antes pues tuve temor que a la bebé le cayera mal la leche materna cuando lo supieras"

Cuando lo confronté con la verdad él me lo negó rotundamente como la mayoría de los hombres lo hacen y me juró que ella estaba mintiendo, pero yo sabía que era verdad.

Recuerdo que lloré mucho pues todavía me encontraba recuperándome del parto y no podía creer que aquel hombre que dormía en mi cama conmigo hubiera violado el compromiso conmigo y con nuestra hijita atentando serme infiel.

Cuando no pudo negarlo más finalmente lo confesó y me pidió perdón una y mil veces y dijo que jamás lo volvería a hacer. Yo pensé en mi hija y en el poco tiempo que tenía casada con el hombre con el cual creía llegaría a mi edad anciana y lo perdoné.

Sin embargo cuando hay una primera vez habrá una segunda y una tercera y así ocurrió.

Por motivos de su carrera tuvimos que estar separados por varios meses pues el había obtenido una beca para continuar sus estudios de la Maestría en Sao Paolo, Brasil.

Yo estaba embarazada de mi tercer hijo, cuando él se fue a Brasil. Al poco tiempo que él regresó tuve que ir al ginecólogo porque tenía una enfermedad venérea que mi esposo me había contagiado.

Ya para ese entonces, tres de mis cuatro hijos ya habían nacido y no me atreví a divorciarme en esa ocasión. En ese tiempo yo no trabajaba ni había estudiado la carrera que hoy tengo para poder hacerle frente a la vida con mis tres niños.

Sin embargo la desilusión fue lavando mi deseo de ser una buena esposa y me quedé con él, yo diría que únicamente por mis hijos pues no quería que ellos sufrieran la falta de un padre en el hogar como me había ocurrido a mi.

El sentirse traicionado por la pareja es una experiencia muy dolorosa y hasta humillante puesto que la confianza, la sinceridad y el

Terapia de Pareja

respeto son los valores que han sido puestos a prueba a un nivel consciente.

Muchos son los hombres y las mujeres que no vuelven a rehacer sus vidas después de un divorcio pues la infidelidad sufrida con sus parejas los deja traumatizadas a tal punto que desarrollan una fobia a que la infidelidad vuelva a ocurrir en una segunda relación.

Una gran mayoría de las parejas modernas asientan su matrimonio en bases hedonísticas y su meta es disfrutar del placer sexual y atrasan la llegada de los hijos argumentando que van a disfrutar primero y que ya despues se verá si llegan los hijos o no.

Este tipo de parejas cuando pasan los dos primeros años y su relación entra en la rutina de verse todos los días mañana, tarde y noche, podría estar expuesta al cáncer de la infidelidad pues la monotonía carcomerá su relación aunque ya hayan cambiado la opinión y hayan pensado en tener hijos.

La llegada de los hijos es un momento substancial en la relación de pareja.

Es bastante frecuente cuando el hombre ha sido infiel, que la mujer concentre todo su amor en el bebé y el esposo pase a un segundo lugar en su vida.

Pienso que eso ocurrió en mi matrimonio cuando llegaron mis cuatro hijos. Mi dedicación y todo mi amor fue transferido a ellos en su totalidad. Me concentré en tratar por todos los medios de hacerlos felices. Sentía un vacío enorme como esposa que hasta ahora me sería muy difícil explicar.

El saber que mi matrimonio había naufragado y que yo tenía cuatro niños en una balsa inestable en medio de un océano de inseguridad y a los cuales tenía que proteger y cuidar me llenaba de terror.

Mi esposo flotaba también tratando de sobrevivir. Aferrado de otra tabla a la cual yo no me acercaba pues me había desilusionado y no tenía deseos de ayudar, desesperado trataba de alcanzar la nuestra.

Mi relación con mi esposo era servirle su comida, cuando buenamente yo estaba en casa, como dije anteriormente, compartir el lecho y muchas veces era hasta emocionalmente doloroso tener relaciones íntimas con él.

El estar durmiendo al lado de un hombre que me había causado tantas heridas emocionales no hacía placentera la intimidad porque cuando a la mujer la invade la desilusión ya el placer no es igual a la hora de hacer el amor.

Hay diferentes tipos de parejas que siguen unidos a pesar de las infidelidades que han experimentado con sus cónyuges através de los años pero estas parejas viven infelices por el resto de sus vidas y adoptan comportamientos inaceptables que los hacen sufrir a ambos.

Uno de esos ejemplos es la pareja liberal, en la cual cada uno de los dos hace lo que quiere. Todo se lo permiten el uno al otro, salen con amigos por separado y muchas veces no parecen ser pareja pero viven juntos hasta que la muerte los separa.

La pareja posesiva es todo lo contrario, son aquellos que no pueden hacer nada sin contar con el otro. Son celosos y siempre van juntos a todas partes. Aun hasta para hablar por teléfono con amigos uno está en una línea y el otro en la otra.

Está también el caso de la pareja indiferente. No se demuestran cariño, se tiran piedras el uno al otro, aún en público se critican y se juzgan pero no se atreven a separarse porque tienen bienes materiales en común o se han acostumbrado a este tipo de vida hóstil entre ellos.

Ninguna de las parejas mencionadas arriba pueden ser vistas como la pareja ideal. En el momento que aparece la oportunidad de ser infiel, ambos se apasionan por su amante y se olvidan de su pareja por completo.

Este libro no persigue dar un remedio o una cura a la infidelidad porque esa medicina no se ha inventado aun. Los terapistas cada día están más alarmados por la cantidad de divorcios que se suscitan por causa de este mal.

La pareja ideal no existe, todas las parejas tienen problemas y tanto hombres como mujeres buscan en el matrimonio esa fantasía de vivir por siempre felices.

Nadie ni aún los mas infieles llegan al altar con la idea que su matrimonio se disolverá y que más adelante vendrá una nueva relación.

Todos al llegar al altar soñamos con la ilusión de ese matrimonio perfecto, lleno de comprensión, apoyo y amor que perdurará hasta que la muerte nos separe.

Sin embargo no todos llegamos a esa meta. Una vez una amiga quien cumplió treinta y ocho años de casada al felicitarla le dije "Qué valiente eres!!"

Terapia de Pareja

Ella quien sabía que su esposo le había sido infiel varias veces me dijo: "No, Sonia todo lo contrario las que llegamos a treinta ocho años de matrimonio no somos valientes, somos unas grandes cobardes".

No quiero generalizar, pues se que hay matrimonios en los que ni el hombre ni la mujer han cometido infidelidad y se llevan bien, pero para haber alcanzado esa meta, estos son matrimonios donde la confianza no se ha traicionado ni el respeto se ha perdido.

Estoy segura que quien lea este libro conoce a alguna de esas parejas quizás un familiar, un amigo o el mismo lector.

Sonia B. F. Arias

Terapia de Pareja

6

Las finanzas y tu relación de pareja

Los tiempos han cambiado y hoy día muchas parejas cuando deciden unirse no mezclan sus finanzas. Aquellos tiempos en los que el esposo controlaba las finanzas de la familia, hoy también son historia.

Cada vez son más las mujeres que en estos tiempos llevan las riendas del hogar concerniente a las finanzas.

No hay una regla para manejar las finanzas a nivel de pareja; depende cada pareja y de los ingresos que tengan cada uno.

A continuación damos algunos ejemplos de como llevar mejor las finanzas del hogar.

Algunas parejas manejan sus finanzas abriendo una cuenta para depositar ahí todo el dinero que ganan.

Hay otras parejas que prefieren separar sus finanzas y respetan el ingreso y las deudas de cada uno sin mezclar dineros para nada.

Otros deciden abrir dos o tres cuentas en el banco. Una para poner la mitad de todos los gastos hipoteca, comida, recibos de luz, cable y agua y el resto del dinero lo separan cada uno en dos diferentes cuentas.

Uno de los aspectos más importantes en lo que se refiere a las finanzas es confiar uno en el otro en que ninguno de los dos va a tomar ventaja en el aspecto financiero.

Algunas parejas manejan sus finanzas de acuerdo a la cantidad que reciben. Si la mujer tiene un salario mayor que el de su pareja, ella se hace cargo de los gastos mayores.

Por el contrario si es el hombre quien gana más, él se encarga de hacer los pagos de hipoteca y la mujer de los menores.

Sonia B. F. Arias

Lo más importante de tener en cuenta es el hecho que se han unido para ser felices y que en este presupuesto deben incluir el entretenimiento para poder ir a lugares donde ambos se diviertan, cenas, cine, reuniones con sus amigos, cumpleaños de sus familiares etc.

Los expertos en la materia de finanzas matrimoniales no recomiendan que se gaste más del 50% de las finanzas de los ingresos que aportan cada uno.

Que sucede cuando uno de los dos dice: "Yo me encargo de todo lo económico".

Esto generalmente sucede cuando uno de los dos tiene un alto ingreso y prefiere que su pareja aporte otras contribuciones como quedarse en casa y cuidar de los quehaceres domésticos y la familia.

Otras personas deciden estudiar una carrera para algún día poder obtener un trabajo mejor remunerado.

El discutir este tipo de temas es muy importante y la responsabilidad de organizar sus finanzas para que la relación no se vea afectada por causa del dinero es de ambos.

Lo importante es ponerse de acuerdo antes que una discusión sobre el tema tome lugar.

Otro sistema empleado por varias parejas es el de que cada uno pague sus deudas por separado.

En el caso de las parejas que no quieren mezclar las finanzas sea porque no están casados o porque uno de los dos está pagando por una propiedad, la pareja se puede poner de acuerdo y pagar cada uno sus gastos adquiridos antes de la unión.

El mezclar las finanzas sin importar quien gana más puede ser una buena idea para una pareja de recién casados cuando ninguno de los dos tiene propiedades o deudas.

Pueden planear el comprar una casa juntos, pagar por los autos de ambos en el momento que los dos comienzan a trabajar.

Otra alternativa cuando ambos trabajan es ahorrar uno de los dos salarios para cubrir emergencias y asegurar la educación de sus hijos y su retiro.

Con el otro salario pueden cubrir los gastos de casa y de la familia. Esta opción le da a la pareja la paz mental de saber que si se suscita una emergencia, ambos podrán hacerle frente a problemas financieros con sus ahorros de emergencia.

Terapia de Pareja

No existe una única manera de manejar las finanzas en el hogar. Cualquiera de los métodos que escoja la pareja para organizar su presupuesto debe ser de mutuo acuerdo para evitar discusiones innecesarias en el futuro.

En mi caso personal, mi esposo se encargaba de cubrir los gastos de la casa y yo cubría lo que tenía que ver con la educación de nuestros hijos y gastos de entretenimiento.

Nunca tuvimos grandes discusiones por motivo de dinero pues esto había quedado establecido desde un principio.

Al haber sido creada en un hogar feminista, mi madre me había siempre inculcado el no unir las finanzas en el matrimonio.

Ella siempre había manejado su dinero y mi padre el de él durante el tiempo que estuvieron casados y en esa escuela había yo sido adoctrinada.

Hoy día no pienso así, me parece que al menos un porcentaje de ambos salarios deben unirse para que ambas partes lleven sobre sus hombros la responsabilidad del hogar y de los consecuentes gastos.

De acuerdo con las estadísticas en el continente americano, el motivo número uno de peleas entre una pareja no es los celos o los problemas con la familia política, sino el dinero.

Cómo lo manejan, quién gasta más y quién tiene o no el control de las finanzas en una relación puede ser un tema explosivo. Con el tiempo estas peleas pueden crear resentimiento e incluso de acabar con la relación.

Si a menudo peleas con tu pareja por dinero, sigue estos pasos para minimizar o eliminar del todo el problema.

Si han determinado que existe un problema en el manejo de las finanzas, es importante mantener la calma.

Los reproches, las acusaciones y las ofensas no resuelven el problema; solo lo agravan.

Recuerden que no se trata de ganar una pelea, sino de trabajar juntos para resolver un problema que los afecta a los dos y a su hogar.

Lo que necesita la pareja es hallar soluciones prácticas. Cuando no hay un objetivo financiero, como lo es el de ahorrar para llevar a cabo la compra de una casa, o reducir los gastos, la economía puede descarrilarse fácilmente.

Sonia B. F. Arias

Lo aconsejable es que la pareja tenga una conversación realista sobre sus metas financieras.

Es importante que no hayan interrupciones ni distracciones para que puedan enfocarse.

¿Cuáles, específicamente, son sus objetivos? ¿De qué manera desean utilizar sus recursos financieros? ¿Cuáles son sus metas a corto y a largo plazo?

Por ejemplo, si uno de los dos es comprador compulsivo y lo admite, es vital tomar en cuenta el problema y hallarle una solución. Una buena idea sería que esta persona no lleve consigo las tarjetas de crédito en la billetera.

En una relación de pareja no hay que tomar las decisiones sobre las finanzas ligeramente. Es importante que ambos discutan sobre el tema para llegar a un acuerdo justo y productivo. Si fuera necesario este puede revisarse y cambiarse más adelante. Algunas parejas hablan sobre sus finanzas periódicamente.

Si a pesar de sus mejores esfuerzos no logran ponerse de acuerdo en las finanzas, una buena opción es consultar un consejero financiero o terapista matrimonial para que trabaje con ambos y logren llegar a un punto donde los dos estén de acuerdo en el aspecto económico.

La doctora Patricia Meraz especialista en la materia subrayó que tanto los matrimonios como las familias están expuestas a múltiples decisiones económicas y financieras que afectan tanto sus carteras como sus vidas.

Meraz asegura que "La relación amor y dinero se gesta desde el momento en que un hombre y una mujer deciden vivir juntos, por lo que se puede afirmar que las bases fuertes de las relaciones se construyen a partir del manejo y la administración del dinero".

Meraz enfatizó que el significado que se le da a los recursos económicos en el seno familiar define valores, lealtades y necesidades y que, incluso, en acciones como la compra de la comida están envueltas las emociones de ambos.

La doctora explicó que lo que pareciera rutinario ilustra la manera en que se entrecruzan las prácticas socioculturales de la pareja.

Meraz asegura que el asunto del dinero en los comienzos de la relación no es un tema que se discute por lo tanto no impacta la relación en un principio.

Terapia de Pareja

Ella dice que el dinero, se convierte en fuente de conflictos, conforme el tiempo transcurre y la pareja quiere hacer uso del dinero para sus propios intereses y obligar al otro a que las finanzas se usen en lo que ambos consideran es importante.

Yo diría que el tema del dinero es algo que se debe discutir desde el momento en que la pareja decide contraer nupcias. Deben hacer un presupuesto de como financiarán la boda y en los gastos en los que incurrirán.

Aunque parezca mentira, un alto porcentaje de matrimonios se mantienen unidos no por amor, ni por darle un hogar supuestamente "estable a sus hijos". Muchas parejas conservan la unión matrimonial intacto por no tener que enfrentarse a un divorcio en el cual tendrían que dividir las finanzas y perder la estabilidad económica a la cual están acostumbrados.

Muchas parejas prefieren vivir una vida sin amor, sin ilusión y discutiendo prácticamente todos los días con tal de no incomodarse financieramente.

Este tipo de parejas desarrollan una co-dependencia extrema y sus vidas se tornan muy infelices, causándose daño a ellos mismos, a sus hijos, familiares y amigos cercanos quienes se sienten impotentes ante la dolorosa situación.

Sonia B. F. Arias

Terapia de Pareja

7

Los hijos de una relación anterior

Cuando una relación se termina, después de cierto tiempo tanto el hombre como la mujer piensan en rehacer sus vidas.

Esta idea puede sacarlos de una depresión sufrida por algún tiempo posterior a la ruptura.

Después de algún tiempo del divorcio o la ruptura, es muy emocionante para ambas partes re-encontrarse con ex- parejas o con amigos que les presenten a alguien interesante.

El problema en muchos casos podría suscitarse cuando alguno de los dos o ambos tienen la custodia de los hijos de su relación anterior.

Hay tres fundamentos básicos en una relación amorosa y estos son la pasión, la intimidad y el compromiso. Generalmente en la primera etapa de la relación la pasión es muy importante.

Conforme la relación avanza, la intimidad viene a ser necesaria entre dos seres que se aman. La intimidad es seguida por el compromiso que adquieren al unir sus vidas.

Cuando la pareja tiene que compartir su tiempo con hijos de relaciones anteriores, el ciclo de estos fundamentos muchas veces se ve alterado debido a las obligaciones que, como padres tienen con respecto a esos hijos, los cuales son seres inocentes que sufrieron la ruptura de la relación de sus padres sin haber hecho nada para propiciar ese rompimiento.

Cuando los hijos son pequeños demandan mucho más atención por parte de sus padres. Estos tienden a preocuparse por el aspecto emocional de los niños y por su educación y como les va a afectar los consecuentes cambios en sus rutinas y ambientes.

Sonia B. F. Arias

Estas razones hace que los padres procuren visitar a sus hijos constantemente aunque no vivan con ellos. Muchas veces los padres se sienten culpables por el rompimiento y desean participar con sus hijos de actividades que antes pasaban por alto, para retribuir su ausencia en el hogar.

Los padres que no viven con sus hijos buscan excusas para verlos, los llevan a citas con el dentista, a reuniones escolares, a visitar a sus familiares y aprovechan cualquier ocasión para estar con ellos.

Esto hace que la pasión por su nueva pareja se vea afectada y se establezca una diferencia en comparación con las parejas que inician una relación sin que hayan hijos de por medio.

El compromiso muchas veces es la primera etapa que atraviesa una pareja que tienen hijos de otras relaciones pues antes de iniciar la relación hablan de su compromiso con sus hijos y la prioridad que ellos representan en sus vidas.

De esta manera ninguno de los dos puede reclamarle al otro sobre el tiempo que dediquen a sus hijos respectivamente.

Cuando los hijos son adolescentes o adultos, el problema que se suscita en la pareja es un poco diferente.

Muchas veces los hijos a esa edad no aprueban la pareja que sus padres han elegido.

Los hijos de padres separados suelen intentar cualquier cosa para tratar de unir a sus padres independientemente de lo que ellos hayan presenciado en el hogar durante la convivencia.

El admitir y aceptar que su padre o su madre tienen una nueva pareja les perturba y la tarea se torna en algo muy difícil para ambas partes, causando muchas veces problemas serios en la nueva relación.

Tanto el hombre como la mujer pueden trabajar exitosamente en construir una relación amorosa con sus respectivos hijos, si buscan consejería profesional y desarrollan estrategias para ganarse la simpatía de los hijos de su pareja conforme progresa la relación.

Una de las mayor dificultades que podría enfrentar la pareja es que sus ex-parejas se encarguen de convencer a sus hijos negativamente y no darles ningún tipo de oportunidad de establecer una relación con su madrastra o su padrastro.

Terapia de Pareja

En muchas ocasiones los mismos padres se llenan de despecho contra sus ex parejas y convencen a sus hijos con historias negativas con respecto a la nueva pareja de su padre biológico.

Los hijos generalmente se inclinan a favor del padre con el cual viven y se llenan de amargura y resentimiento y muchas veces hasta odio con respecto a sus progenitores que ya no viven en casa y también contra la pareja que aparece en escena después de la ruptura.

Las dificultades que surjan, como todo en la vida, pueden requerir un esfuerzo y llevar tiempo.

La comunicación honesta y sincera es la mejor estrategia. Hablar de esas emociones y temores es el camino para lograr la armonía ideal con esos niños que están sufriendo el trauma de la separación de sus padres.

También es importante abordar preguntas tales como hasta dónde está la nueva pareja dispuesta a envolverse en los asuntos domésticos, la economía y la crianza de los hijos de su compañero(a).

Es bueno incluir a los hijos en los planes que haga su padre o su madre con su nueva pareja de manera que éstos sientan que tienen cierta sensación en el control de algunas situaciones en las que podrían dar su opinión.

Considerando que algunas veces los hijos tienen serias dificultades para aceptar que sus padres tengan una nueva pareja, debe quedar claro con ellos que hay cuestiones que no son negociables y no se admitirán chantajes emocionales.

Es absolutamente necesario que desde un principio de la relación existan normas claras que permitan a la nueva pareja asumir un rol positivo ante los hijos de su pareja, para que éstos puedan aceptarlo(a) más facilmente.

Esta es una prueba que deben pasar todas las personas que deciden tener una relación con una persona divorciada o viuda y con hijos.

Parece algo fácil pero la persona soltera que no tiene hijos de una relación anterior cuando se une a alguien quien ya tenía una familia establecida, se ve obligada a renunciar a una serie de cosas porque los protagonistas principales en su historia de amor, serán los hijos de su pareja.

La imagen que los libros de cuentos infantiles le dan a los padrastros y madrastras suele estar unida a connotaciones y estereotipos negativos.

El problema principal toma lugar cuando el padrastro o la madrastra se ve obligado a convivir con los hijos de anteriores parejas pues los niños menores ven al nuevo miembro como un intruso en sus vidas y como un usurpador del puesto que ocupaba su padre o su madre biológica y eso hace que la relación por ambas partes se dificulte.

Los hijos generalmente se niegan a aceptar a su madrastra o a su padrastro porque sienten que al demostrarles afecto están traicionando a sus progenitores.

La aceptación se hace aún más dura cuando la llegada de este nuevo miembro en la familia se produce despues de la muerte de alguno de los padres biológicos.

Según estudios psicológicos realizados en este campo, la clave es la paciencia y el tiempo que se les brinde a los hijos para aceptar a esta nueva persona como un miembro más en la familia sin forzarlos a aceptarla como un reemplazo a su madre o padre.

Es muy importante hablar con los hijos e informarles sobre los acontecimientos importantes que suceden después de un divorcio o la muerte de alguno de sus progenitores.

La comunicación que el padre o la madre tengan con sus hijos respecto a su vida personal es fundamental para que estos hijos acepten con una mayor facilidad el hecho que su padre o su madre rehacerán su vida algún día.

Una separación bien manejada desde un principio ayudará a que más adelante los hijos acepten situaciones con respecto a sus padres y que no juzguen a sus padres tan severamente como lo harían si no se les tuviera en cuenta sus opiniones desde un principio.

Ya dije anteriormente, que el papel de la nueva pareja por supuesto no es tratar de intentar reemplazar al padre o la madre ausente.

Ese sería el peor error que una nueva pareja de un padre con hijos cometería. El rol de padre o de madre ya está ocupado aunque éste haya fallecido y nadie reemplazará su memoria.

Terapia de Pareja

El papel que desempeña un padrastro o una madrastra es tener la disposición para estar al cuidado de lo que sus hijastros necesiten pero siempre con la prudencia debida de no intervenir en la relación con su padre o madre biológica.

Otro aspecto que los padrastros o madrastras deben tomar en cuenta es que tendrán que compartir su vida con tres familias, la suya propia, la de su pareja y la de la ex pareja de su nueva pareja.

Para una persona que nunca se ha casado y no tiene experiencias anteriores con niños, puede resultar agotador, angustiante y una situación de mucho estrés el convivir con los hijos de su pareja y probablemente se susciten incidentes y discusiones desagradables con los niños, adolescentes y aún los hijos adultos de su pareja.

En realidad los niños lo que quieren es que sus padres sean felices, pero algunas veces les cuesta entender y aceptar que éstos pueden ser felices con personas extrañas y no con sus progenitores con los cuales los engendraron a ellos.

Los matrimonios entre parejas que ya tienen hijos de relaciones anteriores son cada vez más comunes en la sociedad en que vivimos hoy día.

Lo mas difícil de superar es el celo de los hijos con respecto al nuevo integrante de la familia pues consideran a esta nueva persona como un rival y lo rechazan abiertamente sin ningún tipo de disimulo.

Algunos consejos para aminorizar esta situación tan difícil entre padrastros y sus hijastros es seguir las siguientes pautas que doy a continuación.

Hay que respetar por encima de todo la relación entre padres e hijos y entender que tanto el hombre como la mujer deben darle prioridad a sus hijos aunque para ello tengan que someterse a sacrificar algunas actividades como pareja. Esa comprensión en este aspecto los unirá más que la pasión que puedan sentir el uno por el otro.

Para los hijos de tu pareja es fundamental entender que no has llegado a suplantar a nadie ni a romper el vincula que existe con su padre o su madre sino para enriquecer la familia.

Sonia B. F. Arias

No finjas cariño por ellos desde un principio pues ellos lo concibirán como hipocresía. Muéstrate tal cual eres deja que te conozcan dentro de su propio tiempo.

Aléjate por algunas horas durante el día para no romper la intimidad de tu pareja con sus hijos.

Ellos deben entender que estarás en su vida en forma indefinida pero eso no implica que te conviertas en un sinónimo de estorbo.

Nunca critiques abiertamente sus tradiciones familiares, costumbres o la manera en que tus hijastros fueron educados por sus padres biológicos.

Si tienes alguna observación al respecto, espera a estar a solas con tu pareja y nunca lo hagas frente a los niños pues éstos podrían sentirse atacados o juzgados por ti.

Mantén en cuenta que esta persona que ocupaba el lugar que hoy ocupas tú es el papá o la mamá de estas criaturas que hoy han pasado a ser parte de tu vida.

Es una buena idea planear actividades con los niños de tu pareja y hacerlo de un modo divertido, donde la familia entera participe.

Por ejemplo planear una tarde de películas que todos disfruten, ir a un zoológico o a un parque de diversions o decorar la casa para la navidad con la participación de todos los miembros de la familia son excelentes ideas para construir una relación con ellos.

Los niños observarán como tu resuelves y planeas actividades entretenidas tomándolos a ellos en cuenta para realizarlas y paulatinamente contribuirán contigo en forma voluntaria.

Busca intereses comunes con los niños, prestando mucha atención a los pequeños detalles que pueden ser significativos para ellos.

Todo cuenta cuando se tiene el intento de congraciarte con tus hijastros. Desde conocer el platillo favorito de los niños hasta conocer el nombre de sus mejores amigos y el de su mascota es importante.

Todos estos detalles te ayudarán a establecer la relación con ellos que poco a poco progresará positivamente.

Incentiva la confianza con tus hijastros por medio del diálogo. Camina por la playa con ellos, o por el jardín, promoviendo conversaciones de su interés.

Terapia de Pareja

Esto te ayudará a establecer una relación más sólida conforme pasa el tiempo. Ellos quieren escuchar tus historias aunque no lo creas. Aliéntalos a que te cuenten sobre sus vidas.

Si te cuentan un secreto, mantenlo en tu corazón. Eso es un gran logro y no puedes defraudarlo.

Demuestra en frente de los niños el amor que sientes por tu pareja. No te abstengas de besar o abrazar a tu pareja porque los niños están presentes.

No debes darle mucha importancia a los brotes de celos que surjan pues son naturales y entendibles. Con el tiempo los niños entenderán que eres un nuevo amor en la vida de su mamá o su papá y les hará bien saber que tu eres importante en la vida de uno de sus padres.

Establece tus reglas con cuidado y delicadeza pero a la vez con firmeza. Por haber sido la última persona que llegaste a la familia eso no te hace menos importante.

Si te has casado con tu pareja y vives con sus hijos, ellos deben saber que su hogar también es tu casa. Los niños aprenderán a respetarte y considerarte de la misma manera que tú lo haces con ellos.

No dejes que ignoren tus opiniones y costumbres solo para evitar un enojo. Si conocen tus normas, será más fácil para ellos saber lo que les está permitido y lo que va más alla de tus límites.

No trates de ninguna manera que los niños te llamen mamá o papá o cualquier otro nombre que marque un estatus en tu nueva familia.

Tu nombre es el mejor que ellos pueden decirte. Si con el tiempo el cariño que desarrollen por ti los hace llamarte de otra manera, pues estupendo, pero deja que ellos tomen la iniciativa de hacerlo.

No trates de presionar a tu pareja con que hable con sus hijos para que la relación mejore entre tú y sus niños.

Eso depende en una gran parte de ti. La relación entre los hijos y su padre o madre biológica jamás se romperá pero tu relación tiene que construirse con bases sólidas para que los hijos de tu pareja se encariñen contigo, no por complacer a sus padres pero porque realmente tu te has ganado su cariño.

Sonia B. F. Arias

Hay muchas parejas hoy día que tiene hogares estables con familias mixtas, donde los hijos de ambos comparten como si fueran una familia biológica.

Si es que llega un nuevo bebé, fruto de esta nueva relación, es una ventaja para los hijos de matrimonios anteriores porque esta criaturita ayudará a unir a ambas familias, pues ahora compartirán un miembro en la familia que nació a raíz de la relación de sus padres.

En mi caso específico, no tuvimos problema en este aspecto, pues cuando nos casamos pues ninguno de los dos teníamos hijos de parejas anteriores y los cuatro hijos que nacieron en nuestro matrimonio, son de ambos.

Terapia de Pareja

8

Las enfermedades mentales y físicas de tu pareja

Las palabras que escuchamos en el altar cuando nos casamos son frases claves que repetimos sin darnos cuenta del alcance que estas conllevan, "amarse en la salud o la enfermedad" son palabras que se convierten en un reto y promesa que acompaña a la pareja por el resto de sus vidas o al menos por el tiempo que permanezcan juntos.

Cuando se trata de enfermedades mentales, éstas no siempre son tan visibles como las físicas y por tanto a las personas no se les hace nada fácil identificarlas.

Sin embargo si uno de los dos sufre de una enfermedad mental, el desórden afecta la relación de pareja de ambos.

No es hasta el momento que se convive con la pareja que se comienzan a notar síntomas extraños tales como decaimiento, depresión, angustia, falta de motivación, estrés o agresión incontrolada.

Para la pareja que convive con una persona que padece algún tipo de desórden mental es muy importante saber que tipo de tratamiento, medicamentos y otros pasos deben seguirse para evitar mayores problemas en la relación.

Si observas algunos síntomas en tu pareja tienes tres caminos. Puedes convencerlo(a) que reciba ayuda terapéutica y tratamiento a su desórden y si tu pareja se resiste y no admite ayuda profesional entonces puedes optar por el otro camino que es abandonar la relación o vivir con una persona que tiene problemas mentales.

Diagnósticos de enfermedades mentales como la psicosis, la neurosis, la esquizofrenia, la bipolaridad entre otras, son muy importantes porque este tipo de enfermedades mentales interfieren directamente en la relación de pareja y por tanto en el ambiente familiar.

Como dije anteriormente es un gran riesgo el vivir con una persona desestabilizada mentalmente.

El que se da cuenta sorpresivamente que está compartiendo su vida con una pareja que sufre de problemas mentales necesita consejería de inmediato, no solo para orientarse en el tratamiento de su pareja pero también saber como manejar esta experiencia que puede ser muy traumatizante.

Hay otro tipo de enfermedades relacionadas con la salud física las cuales son crónicas y degenerativas como la diabetes, un tipo de parálisis o invalidez u otro tipo de enfermedad que no tienen cura y afectan igualmente la vida en pareja aunque en distinta manera.

Este tipo de enfermedades ponen a la pareja en una situación de crisis y aunque traten de hacer reajustes a su relación, no siempre es fácil manejar la situación.

En muchos casos la persona que está a cargo de cuidar a su pareja reacomoda horarios de trabajo, busca una casa de habitación que esté acondicionada de acuerdo a las necesidades de su pareja y otros ajustes mayores o menores.

El personal de servicio es indispensable en estos casos para evitar que el cónyuge se agote con las tareas del hogar y las consecuentes actividades de tener que asistir a su pareja con una discapacidad.

Algunas enfermedades podrían limitar la vida sexual de la pareja y esto hará necesario que se busquen alternativas tales como expresiones de cariño y ternura para que la relación se mantenga firme.

En el caso de una enfermedad mental, el problema no es sólo para la persona que está enferma sino también para su pareja, sus hijos y el resto de la familia.

Las infidelidades son muy frecuentes en casos como éstos pues las necesidades sexuales de la pareja de una persona con un tipo de padecimiento físico o mental, continuán y el apetito sexual los impulsa a buscar otras alternativas fuera del hogar para satisfacerse.

La bipolaridad por ejemplo, es un trastorno mental en el cual la persona atraviesa por la etapa eufórica de esta enfermedad, las relaciones sexuales se dan con mayor frecuencia.

Terapia de Pareja

La euforia puede llegar a extremos incontrolables a tal punto que la persona en su etapa eufórica podría buscar tener sexo aún con otras parejas pues la suya no le basta.

Durante la etapa depresiva sucede lo contrario, las relaciones íntimas podrían suspenderse por el tiempo que dure esta etapa pues la persona no desea tener relaciones sexuales con su pareja mientras se encuentra deprimida.

Algunas personas que sufren de enfermedades mentales o físicas se preguntan si deben decirles a sus parejas que las padecen antes de pedirles casarse con ellos.

Muchos evitan hacerlo porque sienten el temor que sus parejas los rechazen ó los abandonen.

Otro de los problemas que se suscitan en la relación es cuando alguno de los dos sufre de un desórden de personalidad.

Un desórden de personalidad incluye aspectos del ser humano tales como el pensamiento, el comportamiento y el humor que afectan su comunicación o relación no solo con su pareja pero también con el resto de los individuos que lo rodean.

Los rasgos de la personalidad pueden ser extremadamente inflexibles y eso afecta la funcionalidad de la persona.

Cuando alguien no puede comportarse funcionalmente con su pareja ni con las personas que los rodean, pues no se adapta a las situaciones y cambios que atravesamos los seres humanos normalmente, se dice que esa persona tiene desórdenes de personalidad.

Aquí expongo algunos de los síntomas que caracterizan a una persona con desórdenes de personalidad:

El enfermo hace esfuerzos para evitar que una persona lo abandone y desea controlar a esa persona para que permanezca junto a él o ella.

Mantiene relaciones amorosas o de otro tipo que son generalmente conflictivas, inestables y tormentosas.

Tiene una imagen de si mismo muy inestable algunas veces sienten mucha confianza en ellos mismos y otras veces sentimientos de que son personas que no valen nada.

Comete acciones en las cuales se daña asimismo tales como abuso de sustancias, desórdenes alimenticios, gasta el dinero desmedidamente, juegan en casino, maneja irresponsablemente y esos comportamientos lo pueden conducir a consecuencias muy graves.

La persona tiene pensamientos recurrentes de suicidio, y amenaza con auto agredirse, cortarse o quemarse.

Inestabilidad emocional, ansiedad y cambios repentinos de humor son algunas de las características.

Se sienten vacíos, deprimidos y tensos constantemente.

Experimentan momentos de ira intensa, se comportan inapropiadamente y pueden provocar peleas o destruir objetos.

Los individuos algunas veces incurren en episodios que los conducen a episodios de violencia doméstica.

Pierden contacto con la realidad y experimentan sentimientos de estar siendo victimizados. Son incapaces de aceptar responsabilidad de sus actos.

Las personas que padecen de desórdenes de personalidad sufren mucho y hacen sufrir a sus parejas, a sus hijos, familiares y otras personas que están cerca de ellos.

Experimentan emociones muy intensas y son muy vulnerables. Algunos se convierten en pacientes de los hospitales psiquiátricos externos o internos. Aproximadamente el ocho por ciento mueren por suicidio.

Los problemas de personalidad pueden ser causados por factores genéticos pero también se desarrollan por un alto estrés prenatal, infecciones, deficiencias en la nutrición o problemas de la infancia tales como abuso infantil.

Las mejores terapias y tratamientos son la psicoterapia tradicional pero estos pacientes en muchas ocasiones piensan que no hay nada irregular en su manera de ser y culpan a sus parejas u otras personas por su comportamiento y rechazan el tratamiento que se les ofrece.

Los trastornos de personalidad definen el carácter del individuo. Estas características incluyen su manera de pensar, actuar y reaccionar con respecto a los eventos de la vida diaria.

Estos rasgos se mantienen constantes y estables a lo largo de la vida si no son tratados y causan graves problemas en la relación de pareja.

Un trastorno de personalidad hace que el que lo sufre tenga problemas de adaptación en general, los cuales afectan su vida a nivel de pareja, personal, profesional y social.

Terapia de Pareja

La personalidad paranoica por ejemplo, es algo muy difícil de manejar en una relación de pareja.

Las personas con este desórden son frías, distantes e incapaces de establecer vínculos interpersonales, generalmente rechazan cualquier muestra de afecto por parte de sus parejas.

Son muy desconfiadas en su entorno y no son capaces de aceptar su responsabilidad en las situaciones de conflicto y proyectan sus sentimientos de paranoia en forma de enojo hacia su pareja.

Otro tipo de desórden de personalidad es la esquizoide la cual hace que las personas sean frías distantes, introvertidas y tiene temor a las relaciones íntimas y a los vínculos estrechos.

La personalidad esquizoide los hace permanecer absortos en sus propios pensamientos y en sus fantasías al grado de alejarse de la realidad y del resto de las personas aún de sus propias parejas.

Las características de la personalidad esquizoide distorsionan sus pensamientos, su percepción y sus habilidades de comunicación con otros.

Este tipo de personalidad causa mucho conflicto en la relación pues se imaginan eventos que solo existen en su mente y ésto causa dolor en sus vidas y en la de las personas que están a su lado.

Se imaginan que su pareja le es infiel y la acosan y questionan como si fuera algo real.

Muchas características de este tipo de personalidad se parecen a las que posee una persona que es esquizofrénica, con la diferencia que son un poco más leves.

Otra personalidad que interfiere con la vida en pareja es la limítrofe.

Las personas que padecen de este tipo de personalidad presentan problemas de inestabilidad emocional en la percepción de ellas mismas y por tanto tienen dificultad para mantenerse en una relación estable.

Sus estados de ánimo pueden ser muy fluctuantes y solo perciben un mundo blanco o negro.

No pueden ver el punto medio de ninguna situación. Estas personas buscan llamar la atención en su edad adulta pues no consideran que sus padres les dieron la suficiente importancia durante su infancia y no se sienten satisfechos con nada.

Sonia B. F. Arias

Las personas con esta personalidad son grandes manipuladores, se sienten enojados, vacíos y abandonados constantemente y esta insatisfacción los conduce a comportarse con agresividad pues se desesperan y son muy impulsivos.

Hay otro tipo de personalidad que se conoce como la personalidad antisocial. Estas personas no toman en cuenta los sentimientos de los demás ni respetan la propiedad de los otros.

No respetan la autoridad sino que buscan su propio beneficio a costa de lo que sea.

Pueden ser muy violentos y agredir a su pareja y no son capaces de sentir remordimiento o culpabilidad por sus actos.

La personalidad narcisista tampoco conlleva a mantener una buena relación con la pareja pues los que la sufren sienten una exagerada percepción sobre si mismos.

Estas personas tienen complejos de superioridad con respecto a los demás. Suelen explotar a los que no los admiran y son super sensibles a las críticas de los demás y se conduelen exageradamente de sus propios fracasos. Tienen una autoestima muy frágil y se hieren fácilmente.

Hay otro tipo de desórden de personalidad conocido como la personalidad histriónica.

Este tipo de personas de preocupan demasiado por su aspecto personal y constantemente buscan la atención de otras personas exagerando cualquier evento .

Son considerados personas superficiales y muy exagerados para manejar las situaciones o problemas. Esto les acarrea problemas graves con sus parejas pues convierten su vida en un eterno drama.

La personalidad dependiente tampoco es fácil de llevar pues este tipo de personas dependen de su pareja excesivamente y eso causa un cansancio y agotamiento en su cónyuge, el cual tarde o temprano termina por hartarse.

Estas personas no se pueden cuidar a ellos mismos. Les falta la confianza y la seguridad para tomar decisiones y tienden a relegar todo en sus parejas.

La personalidad de evitación también causa problemas en su relación sentimental pues es una persona con mucha sensibilidad al rechazo y su peor temor es ser rechazados por su pareja y esto trae grandes conflictos en su relación.

Terapia de Pareja

No les gusta socializarse y se aíslan pues tienen una gran incapacidad de mantener vínculos interpersonales estrechos.

Por último vamos a discutir la personalidad obsesiva-compulsiva. Estas personas tiene problemas con los cambios y si su rutina se ve alterada debido a su obsesión se sienten ansiosas.

Cuando su pareja cambia muebles de lugar o vive una vida que se sale de la rutinaria a la cual ellos están acostumbrados, esta persona se molesta pues se siente atropellada por su pareja.

Cualquier mínimo cambio que rompa su rutina los altera y se sienten frustrados y descargan su frustración con su pareja.

Generalmente este tipo de persona es muy difícil de conllevar y en una gran mayoría de los casos la relación termina en un doloroso divorcio.

Existen tratamientos para estos trastornos de personalidad mencionados arriba y estas terapias se basan en diferentes factores que aplican para los distintos casos.

Se toma en cuenta la edad del paciente y su estado general de salud. La severidad de los síntomas del desórden que presenta la persona y cuan avanzado está.

Para algunos de estos desórdenes se pueden prescribir medicamentos y para otros existe la terapia hablada. Los trastornos de personalidad son difíciles de tratar y requieren atención a largo plazo para poder cambiar ciertos patrones de conducta y pensamientos distorsionados.

Generalmente estos patrones de conducta aparecen durante la adolescencia y se extienden a la edad adulta.

Estos desórdenes causan un deterioro significativo en el funcionamiento de la vida en pareja, también en el aspecto social y laboral de la persona.

Uno de los mayores problemas de los desórdenes de personalidad es que no se limitan a episodios psicóticos con intervalos, sino que definen el carácter de la persona a travez de su vida.

Los individuos con desórdenes de personalidad son afectados por las dificultades que se les presentan en su vida con el trato con otras personas.

Tienden a ser personas solitarias, aisladas, ansiosas o dependientes.

Les cuesta experimentar la felicidad pues tienen dificultades para mantener relaciones interpersonales estables.

Todos tienen en común el mismo problema porque carecen de la habilidad de funcionar normalmente en sociedad.

Muchas de estas personas no aceptan sus comportamientos por temor a sentirse marginados por la familia y amigos.

Otros reconocen su problema pero sin terapia no pueden hacer nada para corregir sus patrones de conducta.

El punto clave de este capítulo es tratar de identificar el tipo de personalidad de la pareja con la que estás conviviendo para darte una idea si esta persona o tu mismo(a) padecen de un trastorno de personalidad que debe ser atendido cuanto antes.

Yo sospecho que mi esposo tenía algún tipo de problema pero nunca logré identificarlo.

Yo no había estudiado antes de mi divorcio y no sabía los síntomas de cualquier desórden que él pudiera haber sufrido.

Pienso que si le hubiera dicho que fuéramos a un psicólogo o psiquiatra se hubiera reído en mi cara y no hubiera aceptado.

Nunca se lo propuse pero sé que es algo que no hubiera hecho jamás. Su respuesta hubiera probablemente sido que yo era la que necesitaba ayuda terapéutica.

No me ciego a que eso era cierto pues yo había crecido en un hogar disfuncional y eso me hacía calificar como una persona que necesitaba ayuda, la cual nunca recibí.

Tambien era una víctima de violencia doméstica pero estaba ciega porque como él no me daba golpes yo ignoraba el abuso emocional, psicológico y verbal al cual era sometida.

Los traumas del abuso verbal y psicológico me acompañaron por mucho tiempo y la co dependencia que desarrollé con respecto a mi relación con él fue muy difícil de romper.

Hoy me considero una mujer libre de esos traumas sufridos con mi ex esposo pero el temor de sufrir un abuso similar con una futura pareja nunca me permitió rehacer mi vida junto a otra persona.

Tenía miedo de fracasar nuevamente y de tener yo la culpa de todo lo que había sucedido en mi matrimonio.

Por mucho tiempo me culpé a mi misma y jugué el rol de víctima hasta que decidí poner un paro a esos sentimientos negativos y darme cuenta que ambos éramos responsables de la situación.

Terapia de Pareja

No se trataba de encontrar un culpable sino de ponerle fin a una situación enfermiza para ambos. En nuestro caso la única solución que encontramos fue el divorcio.

Las diferencias eran irreconciliables y ni él ni yo sabíamos como manejar la situación en aquel entonces.

Sonia B. F. Arias

Terapia de Pareja

9

Tu credo religioso y el de tu pareja

Cuando una pareja se enamora, ambos desean construir una vida juntos y en lo menos que piensan en ese momento o al menos a lo que menos importancia le dan es a la diferencia de credos religiosos que ambos puedan profesar.

Son cada día más las parejas que se casan a pesar de que tienen diferentes credos. Estas parejas en su mayoría piensan que el tiempo limará esas diferencias. Sin embargo, las estadísticas dicen algo muy diferente.

Las diferencias por asuntos de religión causan peleas fuertes en la pareja y también con sus familiares.

El profesar diferentes religiones tales como el evangelismo, el budismo, el catoliscismo o cualquier otra religión aparentemente no debería representar ningún problema pero conforme pasa el tiempo es cuando se suscitan los problemas mayores y la diferencia y el abismo se hace más grande.

Este problema puede comenzar con la frustración de uno de los dos, en cuanto a no poder practicar su religión abiertamente y esto podría ocasionar que la relación sufra fisuras emocionales si ambos no se ponen de acuerdo desde un principio.

La situación se complica aun más en el momento que los hijos llegan.

La mujer como madre deseará criarlos de acuerdo a su credo religioso y sus valores morales.

El padre por otro lado, problamente quiere que sus hijos practiquen la religión, tradiciones y ritos espirituales que sus padres le inculcaron desde pequeño.

Discusiones tales como "¡Por qué les dices eso a nuestros hijos si a mí me enseñaron ésto en mi casa", o "No le enseñes esas tonterías, que Dios no existe, guárdate esas cosas para ti misma, pero no se las inculques a los niños!".

Cuando hay hijos pequeños y la pareja tiene diferentes credos religiosos la situación suele ser más problemática, sin embargo si se respetan mutuamente pueden lograr llegar a un acuerdo donde cada uno conserve sus creencias sin tratar de influenciar a sus hijos hacia una u otra religión.

En los últimos treinta años, ha habido cambios en algunas religiones con la intención de no perder creyentes y estos grupos religiosos han aceptado las bodas mixtas donde ambos ministros se ponen de acuerdo para efectuar una sola ceremonia.

En otros casos uno de los dos acepta casarse en la iglesia de su pareja. Generalmente con el que tiene más arraigadas las creencias religiosas y un mayor conocimiento en asuntos de la fe es quien desea hacerlo por su religión.

Esta persona puede progresivamente ayudar a que su pareja comprenda mejor sus ideas religiosas. Con paciencia y comprensión habla con ella sobre el tema para iniciar la conversión de su pareja progresivamente.

La religión es algo muy importante en la vida de muchos individuos y puede ofrecer grandes beneficios a la pareja cuando ambos comparten el mismo credo religioso.

Muchas veces aunque no profesen la misma doctrina si los intereses de ambos son mantener una vida espiritual de calidad para tener un buen matrimonio en el que reine la armonía y la comunicación efectiva, el aspecto religioso pasa a segundo plano.

Lo importante no es cuan afín es la pareja a una religión u a otra, sino cuan motivados están a respetarse el uno al otro, no solo en este aspecto sinó en todos los aspectos que encierra una relación.

Hay dos factores esenciales que diagnostican la salud de la relación de pareja y éstos son: la toma de decisiones en común acuerdo y el respeto por la opinión y el punto de vista del otro.

Las uniones de parejas con diferentes credos religiosos tienen que tomar otras decisiones en su matrimonio que también son muy importantes cómo donde van a vivir, cómo se van a distribuir las areas domésticas, cómo van a manejar el dinero y cuantos hijos van a tener.

Terapia de Pareja

La educación de estos hijos es uno de los temas más importantes a discutir y ahí es donde se incluye el dilema sobre el credo religioso en el cual van a criar a sus hijos.

El segundo factor como dije anteriormente es el respeto mútuo. El respetarse uno al otro es esencial para el bienestar de una pareja. La palabra respeto no solo significa ser fiel o no maltratar, sino también aceptar las diferencias de pensamiento y de creencias que tiene su compañero(a).

Con base en eso, cada uno tendría total libertad para profesar libremente su culto.

Desde el noviazgo la pareja sabe y está consciente que hay una diferencia de credos pero muchos optan por no tocar este tema en ese momento.

Al momento que ambos deciden unir sus vidas es cuando este tema cae en sus manos como brasas calientes. Ahí es cuando llega el momento en que la pareja se ve obligada a discutir el planeamiento de la boda religiosa.

De acuerdo con el doctor Edgar García, especialista en terapia de matrimonios, las parejas deben reconocer que su compatibilidad con el otro no es total. "Pese a ello para que la relación tenga éxito es vital conocer las debilidades y fortalezas desde el principio", explica García.

Son muchas las parejas que sabiamente han sabido manejar el obstáculo de la diferencia de religiones en el momento de casarse.

Sin embargo existen también muchas parejas a las cuales se les ha hecho imposible continuar con sus planes de matrimonio por las diferencias de culturas, tradiciones y religiones que practican sus padres los cuales causan conflictos irreconciliables.

El doctor García explica que es aconsejable durante el noviazgo que se establezca el diálogo sobre el tema para ahorrarse discusiones desagradables posteriormente.

El tema podría introducirse cuando ambos están listos para escoger la iglesia en la cual piensan casarse.

Unos buenos amigos que saben que estoy escribiendo este libro me compartieron sus experiencias.

Esta pareja lleva más de treinta años de casados. El es católico y ella protestante y sin embargo han sido felices durante su matrimonio porque su relación ha sido basada en respeto mútuo en ese aspecto de su vida.

Tienen tres hijos y cuando sus niños eran pequeños los llevaban a los servicios religiosos de ambos. Ellos habían acordado dejar a sus hijos en libertad cuando alcanzara su edad adulto para que pudieran escoger libremente sobre cual religión iban a practicar.

En el caso de esta pareja no hay tantas diferencias pues ambas religiones son Cristocéntricas pero hay otros casos en el que uno es cristiano y el otro practica una religión oriental, indú o musulmana y ahí la diferencia es aún mayor.

El rito matrimonial en todas las religiones es sagrado y la iglesia que la pareja elija para contraer matrimonio, va a repetir los mismos votos de promesas y hacer a los contrayentes decir afirmaciones que llevan a reglas concretas a seguir durante su unión.

La psicóloga Ludmilla Aguirre dice que cuando una pareja con diferentes creencias religiosas deciden unirse deberían consultar un profesional experto en matrimonios mixtos para discutir sobre este tema.

También Aguirre aconseja que uno de los dos o ambos hablen como pareja con sus respectivos líderes religiosos.

También podrían optar por casarse civilmente y no envolver las creencias religiosas de ninguno de los dos en la ceremonia.

En los Estados Unidos y en la mayoría de los países del mundo la boda civil es mucho más importante que la religiosa.

Otra alternativa puede ser que la bendición de la boda la hagan los respectivos líderes religiosos de cada uno de ellos.

Si uno de los dos acepta que la ceremonia se celebre en la religión del otro cónyuge, no es necesario que ambos ministros estén presentes.

He aquí algunos consejos para las parejas que tienen diferentes credos religiosos y que quieren evitar a toda costa que estas diferencias les afecte su vida futura.

La pareja debe evitar las críticas, juzgar o hablar mal de la religión de su pareja. Esto solo conseguiría arruinar la relación entre ambos y las discusiones aumentarían sin llegar a ninguna parte.

De ninguna manera deben intentar el uno o el otro convertir o convencer a su pareja que siga la doctrina que el otro profesa. Solo en el caso que la persona que profesa la otra religión desee hacerlo voluntariamente. Se aconseja promover el diálogo de una manera

Terapia de Pareja

respetuosa, tratando de comprender la importancia que tiene para cada uno las prácticas o dogmas que profesa.

Si uno de los dos no es muy religioso(a) y el otro si, éste debe ayudar a su cónyuge a entender la religion que profesa y sus doctrinas para que la pareja pueda entenderlo mejor.

Si ambos son religiosos deben sentarse a hablar claramente sobre el rumbo que tomará la relación en ese aspecto y como se podrán poner de acuerdo para no discutir ese tema.

La relación de pareja y el credo religioso son dos asuntos que deben separarse para evitar mayores conflictos. Muchas parejas culpan a la religión por desacuerdos entre ellos pero no siempre esto es verdad.

Muchas de las parejas entrevistadas por especialistas en la materia, manifestaron que tenían problemas de otra índole cuando se separaron aunque a la vez reconocieron que al discutir con sus parejas éstos se burlaban de su religión con la intención de herirlos.

Hay parejas como en mi caso, que ese problema no existía. Mi esposo y yo éramos ambos católicos cuando nos casamos.

El no era un católico practicante pero como yo si lo era, él me acompañaba a la iglesia y nunca tuvimos una discusión por ese motivo.

A raíz del divorcio yo encontré más apoyo en la iglesia pentecostal y me convertí a la religión evangélica en la cual fuimos bautizados mis cuatro hijos y yo.

Sin embargo muchas parejas tiene problemas muy graves y diferencias irreconciliables, especialmente cuando los padres de alguno de los dos son personas muy arraigadas a sus creencias y tratan de influenciar a sus hijos a no abandonar la religión en la cual fueron adoctrinados.

Sonia B. F. Arias

Terapia de Pareja

10

Tu pasado y tu relación

No es un secreto que las relaciones sentimentales pueden dejarnos marcados para el resto de nuestras vidas. Estas experiencias pueden ser positivas o negativas. La persona con la que hemos compartido por muchos años hace que en cierta manera nos adaptemos a sus costumbres.

Lo que aprendemos al compartir nuestras vidas con una pareja puede dejar huellas y diferentes conceptos sobre el amor, la desilusión, el crecimiento o aprendizaje que permanecerán con nosotros por el resto de nuestras vidas.

Sin embargo hay un refrán que dice "Es mejor haber amado y fracasado, que nunca haberlo hecho".

Este pensamiento es verdadero porque en cierta manera cada persona con la que hemos estado unidos en una relación por algún tiempo influye de alguna manera en futuras relaciones.

Los aprendizajes que obtuvimos en el pasado es lo positivo que traeremos a la nueva relación.

Sin embargo, las relaciones pasadas en cierto modo también son cargas emocionales que llevaremos a la espalda en el aspecto sentimental de nuestras vidas.

A los seres humanos nos dominan las emociones. Siempre tratamos de buscar el equilibrio que nos permita funcionar apropiadamente en la sociedad, en la vida en pareja, en familia o en un trabajo determinado.

Al balancear nuestras emociones tratamos de vivir una vida lo mejor que podemos basado en los aprendizajes del pasado.

Si no fuera así seríamos como animales guiados por el instinto y nuestra vida simplemente sería un caos.

Sonia B. F. Arias

Ese equilibrio que todos deseamos obtener se ve afectado constantemente por personas, momentos, situaciones que nos hacen desenfocarnos de nuestras metas. La mayoría de estas situaciones nos afectan aun desde que somos niños pequeños.

Sin embargo cuando somos adultos y sobre todo cuando tenemos una relación de pareja estas situaciones reaparecen en nuestras vidas y todos los conflictos irresueltos de la infancia se hacen totalmente visibles sin poder ser ignorados o pasar por alto.

Muchas personas sin darse cuenta de como el pasado y sus infancias les afecta sus relaciones de pareja sienten que han fracasado en el amor y que lo seguirán haciendo por eso se repiten una y otra vez, "Nunca más me vuelvo a enamorar"; "Permaneceré soltero para siempre"; "Casarse es un mal negocio, se pierde más de lo que se gana".

Opiniones como estas los delatan como personas que no están dispuestas a trabajar en esos conflictos irresueltos y se dan por vencidas al primer fracaso sentimental que llega a sus vidas.

Estas personas no analizan el porque se terminó su relación y como esos problemas afectarán la próxima.

Para nadie es desconocido como afecta la infidelidad, la traición y la mentira en una relación de pareja pero una vez que uno pasa ese "luto sentimental" esas experiencias negativas del pasado no deberían nublarnos la vista e impedirnos ver el camino hacia adelante.

El proceso de dejar atrás el pasado es complejo y muchas veces es muy doloroso. Sin embargo nadie muere de amor. Entre más nos desapeguemos del pasado y logremos ver las cosas desde otro punto de vista, más oportunidades vamos a tener de encontrar la verdadera felicidad.

Las actitudes, prioridades y emociones que la pareja observa en nosotros es lo que marcan nuestra vida sentimental.

Cada relación amorosa deja un aprendizaje, como dije antes, sea sobre lo que nunca debemos volver a hacer o lo que definitivamente funcionó y contribuyó para nuestro crecimiento y madurez.

Así como percibimos las experiencias del pasado y con el lente que las miremos será lo que dará un giro positivo o negativo a nuestras vidas en la vida sentimental.

Lo que ocurre con los seres humanos es que muchas veces después de haber sufrido una decepción amorosa nos inclinamos a

Terapia de Pareja

practicar un comportamiento auto destructivo que nos impide avanzar porque nos acostumbramos o nos hacemos adictos al dolor.

En cierta manera nos victimizamos y fantasiamos con la idea que no nacimos para amar a nadie y nos acostumbramos a la soledad.

La ansiedad, la melancolía y el hastío de demostrar amor de nuevo se nos hace difícil porque nos volvemos temerosos y no queremos arriesgarnos a que alguien mas hiera nuestros sentimientos y destroce nuestro corazón.

Es normal que el haber salido de una relación amorosa no satisfactoria y traumatizante nos de miedo de amar nuevamente y sintamos temor de sentir algo por alguien nuevamente.

También es normal que guardemos rencores, resentimientos y sentimientos de despecho que nos afecten negativamente pero las buenas noticias son que estos sentimientos no son permanentes y solo los experimentamos por cierto tiempo.

Debemos estar conscientes que estos sentimientos tan negativos solo nos afectan a nosotros y no a la persona a la cual van dirigidos. Nuestra ex pareja muchas veces ni se entera de lo que pasa por nuestra mente. Así que si no queremos fracasar en las relaciones futuras debemos eliminarlos rápidamente de nuestras vidas.

Para ayudarnos a superar esos sentimientos negativos debemos pensar en que cada persona es distinta y que el hecho que hayamos fracasado en una relación, no necesariamente implica que en la próxima también fracasaremos.

Tenemos que aprender a adquirir seguridad en nosotros mismos para poder superar los traumas del pasado.

Sin embargo ni yo escribiendo este libro ni tampoco un amigo o familiar cercano puede obligarnos a confiar en alguien nuevamente si hemos decidido quedarnos solos y disfrutar de la libertad que eso devenga.

Si lo que nos hace felices es tener una nueva pareja pues hay que ponerse a trabajar en la meta de conocer a esta persona y darle la oportunidad que se merece.

Para lograrlo debemos avanzar y hacer un esfuerzo por dejar atrás los recuerdos que sentimentalmente nos han causado daño y han dejado cicatrices profundas en nuestras vidas.

Si eres tu el tipo de persona que quieres rehacer tu vida y no quieres pasar el resto de tus días sin pareja debes permitir que nuevas personas entren en tu vida aunque no necesariamente sea algunos de ellos la persona con la que establecerás una relación formal.

Muchas veces el pasado nos persigue como fantasma y nos atormenta día y noche pues tanto los recuerdos buenos como los malos no salen fácilmente de nuestra mente.

Debemos tener mucho cuidado con las obsesiones que podrían fijarse en nuestra mente pues podríamos fácilmente obsesionarnos con temores irracionales y eso impediría que alcanzemos la felicidad junto a otra persona.

Dependiendo mucho de cual sea el trauma o la situación por la cual se dio el rompimiento, la consejería psicológica puede ayudar mucho a sanarnos de esos recuerdos y canalizarlos de una manera positiva.

Un terapista puede ayudar a su paciente a lidiar con sentimientos negativos para que estos no afecten la relación futura.

En el caso de las personas que en su relación o relaciones anteriores han sufrido de abuso doméstico de cualquier tipo sexual, emocional, verbal o físico, esas cicatrices emocionales pueden durar toda la vida si no son tratadas adecuadamente.

El terapista o el psicólogo es una persona que está capacitada para ayudar a sus pacientes a manejar los traumas del pasado.

Una vez la persona acepta en su mente que su futuro puede ser distinto puede comenzar a dar ciertos pasos para asegurarse una relación exitosa.

Aun recibiendo terapia es posible que la persona tenga dificultad para confiar en otra persona si las memorias o traumas le hacen asociar a su ex pareja con la nueva pareja.

Se debe estar muy consciente que la nueva relación no tiene porque parecerse a la anterior.

Es aconsejable no tratar de buscar similitudes entre la pareja actual y la pareja anterior.

Es normal que la persona que ha sido traumada por relaciones pasadas trate de identificar señales de advertencia para no repetir tus mismos errores pero si trata de buscar fallas o defectos en su nueva relación puede destruir la relación en vez de construirla.

Para evitar que esto ocurra es mejor olvidarse del pasado y confiar en la nueva pareja, al menos que nos dé una razón de peso y tenga evidencia para sospechar esta persona tiene las mismas características y defectos de su pareja anterior.

Terapia de Pareja

Es probable que los malos tratos de la expareja sigan presentes y la persona se obsesione pensando que sería de su vida si vuelve a vivir una situación similar.

No está mal discutir los problemas de las relaciones pasadas con la nueva pareja si es que es necesario.

Una comunicación abierta como lo dije anteriormente entre ambos asegura un mejor entendimiento de lo que podría estar afectando la relación.

Por ejemplo si la pareja anterior gritaba constantemente, está bien hacerle saber a la nueva pareja para que cuando discutan sobre algún tema, lo hagan de una forma tranquila y en privado.

La nueva pareja tiene derecho de conocer un poco sobre el pasado de la persona con la que tiene planes de casarse.

También es bueno que sepa si su pareja ha recibido tratamiento psicológico para superar las heridas pues construyendo bases firmes se afianzará la relación.

En vez de permitir que el pasado haga sentir a la persona deprimido(a) y lo atrape negativamente en su futuro, es mejor utilizar las experiencias que dolieron de la relación anterior para crecer.

Si se vivió una relación destructiva en el pasado antes de comenzar una nueva relación, se debe poner en balanza si la nueva relación será beneficiosa.

Si después de leer este capítulo, no estás listo(a) para reanudar tu vida sentimental, no te presiones por hacerlo. Honra por algún tiempo el refrán que dice "es mejor solo, que mal acompañado".

Esto no quiere decir que te quedes solo por siempre pero si que te quedes sin pareja por algún tiempo hasta que estés listo emocionalmente para empezar de nuevo.

Sonia B. F. Arias

Terapia de Pareja

11

La familia y los mejores amigos pueden ser tus peores enemigos

En los inicios de la relación la pareja desea tener privacidad y evitan a toda costa que terceras personas intervengan en la relación.

Muchas veces los padres de él o de ella les ofrecen un dormitorio en sus hogares para que los recién casados puedan ahorrar algún dinero para comprar su primera casa.

Este tipo de ofrecimiento, aunque es hecho con la mejor de las intenciones por parte de los padres para ayudar a sus hijos, no es una buena idea por diferentes razones.

Honrando el refrán de "casado, casa quiere" el vivir con los padres de uno de los dos puede desembocar en problemas graves a nivel de pareja pero también con los suegros.

Es difícil que en una misma casa hayan dos mujeres opinando sobre detalles que podrían ser insignificantes pero si se acumulan se pueden convertir en temas de discusiones entre suegra y nuera o entre yerno y suegra y por ente entre ellos.

Generalmente el suegro es un poco más independiente en lo que se refiere a dar opiniones pero las suegras tienden a tomar partido con su hijo o hija que está viviendo en la misma casa.

Los defectos que la suegra pueda ver en su yerno o nuera, se los comunicará directamente a su hijo(a) con el afán de aconsejarlo(a) supuestamente "para el bien de ambos"

Cuando una pareja decide unirse en matrimonio deben considerar que el presupuesto les alcance para que puedan rentar un apartamento y ahorrar para su futuro hogar.

Los problemas aumentan si la pareja que decide vivir con sus padres o suegros tienen hijos.

Sonia B. F. Arias

Los abuelos tratarán de intervenir en la educación de los niños y podrían tener conflictos serios con los padres de sus nietos.

El rol de los abuelos es dar apoyo y amor a sus nietos pero no tratar de asumir responsabilidades que no les corresponde o imponer sus reglas a los hijos de sus hijos.

Para evitar estos conflictos y llevar la fiesta en paz es mejor que la pareja adquiera su independencia y visiten a ambos padres durante los fines de semana o en ocasiones especiales.

Por otro lado tenemos a los amigos, los cuales son presentados a sus respectivas parejas cuando la relación se formaliza.

Muchas veces los amigos de él o de ella traspasan los límites de lo que debe ser una amistad y las barreras de amistad se rompen causando conflictos con la pareja.

Cuando la pareja contrae matrimonio desea que sus amigos y su familia formen parte importante de su vida.

Es por eso que los invitan a cenas familiares y fechas especiales como la navidad, aniversarios u otros motivos especiales o para despedir el año nuevo.

También es importante para los recién casados el llevarse bien con los amigos del uno y del otro y que éstos sean aceptados por ambos como amigos en común.

Sin embargo no les gusta que su pareja intimide a tal punto que comience a coquetear con algunas de esas amistades.

Mucho menos que se intercambian números de teléfono y direcciones electrónicos y ni digamos que se envíen textos.

Algunas de las situaciones que se pueden dar entre los amigos de la pareja pueden ser perjudiciales e incómodas pues hay amigos de amigos.

En este capítulo les presentaré algunos tipos amigos que podrían resultar altamente nocivos y peligrosos para la pareja.

Tenemos el caso del "amigo mediador" el cual se lleva tan bien con tu pareja que cada vez que tienes un problema con tu cónyuge, esta persona interviene con el afán de arreglar las cosas, y tratar de poner paz entre ambos.

De pronto un día te das cuenta que tu novio o novia se lleva mejor con esta persona que contigo mismo.

El mediador es un buen amigo, sus intenciones son de ayudarte a que las cosas vayan bien entre tu y tu pareja.

Terapia de Pareja

En la mayoría de los casos es una persona sensible, comprensiva, y atenta que se convierte rápidamente en el amigo con el cual puedes desahogarte de las frustraciones en cuanto a tu relación.

El problema es que tu y tu pareja se acostumbrarán a que cada vez que tiene un problema, este amigo trata de convencer a uno de los dos a que recapacite.

Por otro lado tenemos otro tipo de amigo al cual llamaremos el "buitre". Este tipo de amigo generalmente es un varón que le manda mensajes a tu novia y su amistad se estrecha cada día mas.

Con la excusa de querer hablar contigo puede pasar largas horas en el teléfono con tu pareja contandole chistes. El problema con el amigo "buitre" es que en la que menos piensa te arrebata a tu pareja y tu terminas siendo el que está sobrando.

Las consecuencias en el caso de este tipo de amistad casi siempre son fatídicas para la pareja pues los celos por parte de la persona afectada son cada día mayores.

Llega el momento en que no aguantas mas la situación y la amistad con el buitre termina o simplemente la relación con tu pareja llega a un fin pues él o ella se van con el buitre y forman una nueva relación.

También conocemos el amigo "galán" quien siempre se viste muy elegante y cuando le presentas a tu pareja, no le falta un piropo y dice "Oye, tu novio(a) está mejor de lo que me dijiste".

Este "amigo" es una persona que no conoce el valor de la palabra amistad pues en cualquier momento que te descuides tratará de conquistar a tu pareja.

Estas personas siempre tratarán de presentarse como los mejores amigos de la pareja pero en cuanto no más te das una vuelta están tratando de conquistar a esa persona que hasta hoy había sido solamente tuya.

Son personas que tienden a ser caras duras y no se avergüenzan por su comportamiento.

Este tipo de amigo es más peligroso que el mediador y aún que el buitre pues con sus galaneos hacen que tu pareja se fije en ellos y se sienta seducido(a) por sus miradas y sus palabras bonitas.

Otro tipo de amigo al cual se le debe huir es al solitario que nunca tiene novio o novia y trata de cualquier manera de caerle bien a tu pareja para que le presente una hermana, amiga prima o conocida.

Sonia B. F. Arias

Ese será el único tema de conversación que tendrá con ustedes y se tratará de unir a ti y a tu pareja en cualquier evento familiar o en un círculo social para poder conocer a alguien.

Este tipo de amigo o amiga no se rinde tan fácilmente y llega a ser un estorbo tremendo para la pareja pues siempre quiere estar con ellos para no perder oportunidad de encontrar a alguien.

Para evitar este tipo de amistades la solución es fácil, simplemente ten mucho cuidado a quien le presentas a tu novio(a).

Lo ideal son los amigos o amigas que ya tienen sus parejas formales y no les interesa andar de picaflor ni de consejeros de nadie.

Si quieres continuar socializándote con tus amigos y amigas que aún están solos, eso es algo que tienes que discutir con tu pareja cuando empieza la relación.

Puedes presentarle esos amigos a tu pareja, pero no dejar que la relación vaya más lejos de lo necesario. Tienes que aclarar desde un principio que te gustaría continuar frecuentándolos de vez en cuando pero que no descuidarás tu relación con tu novio(a).

Si tu pareja es celoso(a) y no le gusta que tu salgas con los amigos o amigas que tenías previamente a iniciar la relación, entonces tendrás que hacer una decisión definitiva.

La pregunta es: Te interesa más tu relación con tu novio(a) o esas amistades a las cuales tanto aprecias?

Si tu balanza se inclina más hacia tus amistades eso quiere decir que no estás tan enamorado(a) de tu pareja y por lo tanto sería mejor terminar para que puedas disfrutar de tu vida de soltero(a) con tus amigos de siempre.

La respuesta sería que no estás listo(a) para hacer un compromiso formal pues no estás dispuesto a renunciar ni a sacrificar nada de tu vida cuando estabas solo(a).

Si te interesa la relación debes hablar con tus amigos y hacerles entender que tu pareja es muy celosa y que no está dispuesta a compartir su tiempo con ellos.

Problablemente tus amigos entenderán y se alejarán de ti para evitar que tengas problemas.

En mi caso personal tuvimos pocos problemas por causa de mis amistades en el principio de nuestra relación.

Yo tenía muchas amigas pero en su mayoría tenían al igual que nosotros relaciones formales con sus parejas y aunque no salíamos

Terapia de Pareja

mucho en grupo, siempre tuvimos relaciones cordiales cuando nos encontrábamos casualmente.

Mi ex esposo tenía cuatro hermanas, una de ellas, la mayor era como su madre y yo la respetaba como si fuera mi suegra pues él le daba ese lugar.

Mis cuñadas menores iban con nosotros a fiestas, hasta que llegó el día en que todas hicieron sus vidas. Cuando tuvieron sus hijos, hacíamos paseos junto con ellas en un grupo grande del cual mis hijos siempre disfrutaron mucho pues jugaban con sus primos los cuales eran de edades similares a las de ellos.

Para finalizar este capítulo quiero comentar sobre esta carta que me envió una muchacha hace pocos días en la cual me consultaba el problema que tenía con su novio por causa de sus amigos, veamos, la carta decía así:

"Hola, mi nombre es Laura, comenzaré así. Amo mucho a mi novio y estoy muy feliz a su lado. Los primeros meses tuvimos muchos problemas por razones distintas que me molestaban de él.

Sin embargo al pasar el tiempo me di cuenta que si seguía por ese camino iba a perder a mi novio por lo tanto decidí guardarme muchas cosas y no reclamarle más porque estoy muy enamorada y me moriría si él me deja.

El problema es que siento que le importan más sus amigos que yo misma. Varias veces me ha dejado plantada y no ha llegado a visitarme por culpa de ellos. Lo peor es que no es honesto y no me dice que anda con ellos, me dice que tuvo problemas familiares o me inventa cualquier otra excusa pero yo he averiguado por otros lados y se que se fue con ellos para una fiesta.

Cuando está con alguno de sus amigos es muy frío conmigo y si le pido que me lleve al cine me pone pretextos y me dice que como se me ocurre si su amigo está ahí, pedirle tal cosa.

Si sus amigos me lanzan algún piropo, no se enoja, se queda en silencio como si nada y no le importa que alguno de ellos me mire atrevidamente.

No sé si tiene miedo que sus amigos se rían de él si me defiende o pide que me respeten.

He pensado seriamente en terminar mi relación pero él me dice que me ama, que no sea tontita. Ahora ha optado que no me lleva a casa de su familia y se comporta super frío cuando estamos con sus amigos.

A mi eso me duele muchísimo pues cuando ellos no están presente me besa y me abraza y es muy cariñoso conmigo.

Sonia B. F. Arias

Estoy desesperada pues no sé que hacer si terminar con él o tener paciencia pero la verdad ya estoy al borde de mandar todo a volar y quedarme sola, pues cuando estoy con él ya no me siento tan bien como al principio".

Releyendo la carta varias veces me doy cuenta que esta es una historia que les ocurre a muchas parejas y el problema llega a alcanzar enormes proporciones y termina mal.

Yo le aconsejé a esta muchacha que reflexionara sobre su relación y se diera cuenta que su novio probablemente jamás dejará a sus amigos por ella.

Ahí es donde ella debe decidir si prefiere quedarse en una relación así donde se siente tan infeliz o separarse de él definitivamente.

Nadie puede tomar la decisión por esta muchacha, ella sabrá que le es más incómodo, si soportar esta situación con su novio y estar en una posición de desventaja como ella misma dice sentirse o estar sola por algún tiempo mientras le llega la persona correcta.

La persona que se involucra en una relación de pareja debe estar muy consciente que la relación es de dos y no de tres o cuatro o de un grupo de amigos.

En el principio de la relación los amigos salen sobrando. La pareja debe enfocarse en conocerse mejor en saber cuales son sus gustos y en analizar la compatibilidad que existe entre ambos.

Si una persona que se quiere envolver en una relación de pareja no está dispuesto a renunciar a factores como el de los amigos o amigas como los mencionados arriba, es mejor que lo piensen bien pues quizás no es el tiempo propicio para empezar una relación.

Si ambos están dispuestos a dedicarse el tiempo que tengan libre para hacer crecer su amor, entonces el panorama cambia y la pareja podrá construir sus bases en algo firme y las terceras personas salen sobrando.

Terapia de Pareja

12

Cuando llegan los hijos...

La famosa consejera de parejas Ellen Kreidman, escritora de numerosos libros sobre el tema del amor y la intimidad, en uno de sus libros habla sobre como mantener viva la pasión después de que lleguen los hijos.

Muchas mujeres escriben a mi sitio de internet para manifestarme su preocupación de quedar embarazadas porque temen que a sus esposos se les va a apagar la pasión que ahora sienten por ellas.

En este libro Kreidman cita algunas razones por las cuales el amor muchas veces se termina durante la etapa de la crianza de los hijos.

Kriedman explica que muchas parejas experimentan la dificultad de hacer la transición de esposos a padres.

Ella nos explica que uno de los errores que muchas mujeres y hombres cometen, es decirle a sus parejas "papi" y "mami" después que nace su primer bebé.

Al hacerlo inconscientemente están cambiando de rol y ya no se sienten sensuales sino padres de los hijos únicamente.

Otro error que cometen las parejas que se convierten en padres, es el continuar con su labor de padre o madre cuando su pareja llega a la casa.

Muchas veces las esposas se descuidan y él las encuentra, cambiando el pañal del bebé, dándole de comer a sus hijos, ayudando a los niños a recoger los juguetes o haciendo las tareas, mientras que todos estos quehaceres los podrían haber hecho cuando el esposo estaba trabajando.

Los quince minutos antes que él o ella llegue a la casa, deben dedicarse para ponerse atractivo (a) para su pareja.

Sonia B. F. Arias

Los niños deben estar bañados, listos para irse a la cama y si están mayorcitos, en sus habitaciones para que la esposa(o) reciba a su cónyuge de una manera seductora.

Tanto el hombre como la mujer deben mantener en sus memorias, la manera en como se saludaban y se miraban cuando se encontraban después de un arduo día de trabajo o durante los fines de semana.

Despues que se casan o se unen, esas mismas palabras de cariño y las mismas tácticas de coqueteo que se usaban en aquel entonces deben aplicarse para mantener viva la pasión como al principio.

Bajo ninguna circunstancia el nacimiento de un hijo debe cambiar el rol de la pareja a padres que se saludan friamente y luego se dan a la tarea de trabajar juntos en las rutinas de lavar platos, cambiar pañales, jugar con los niños o sacar la basura.

Si esto se permite en la relación, las parejas terminan teniendo relaciones íntimas rutinarias y el fuego de la pasión poco a poco se apagará sin que ninguno de los dos se den mucha cuenta.

Cuando hay hijos es cuando menos se debe de descuidar la relación de pareja; al menos dos o tres veces por semana es bueno llevar a los niños a algunas clases de pintura, de música, de actuación, de danza, jugar algún deporte y si son bebés dejarlos un par de horas con las abuelitas, tias o niñeras para que la pareja tenga sus momentos de intimidad y romanticismo a solas.

Kriedman aconseja que ambos deben ser creativos y sorprenderse el uno al otro en su intimidad antes de hacer el amor.

En el caso de la esposa debe sorprenderlo con ropa interior provocativa y practicar las estrategias de seducción que usaba cuando eran novios.

Tampoco este artículo se trata de desatender a los niños. Es muy saludable tanto para los hijos como para la pareja que una vez disfrutan de su rato de intimidad, compartan con sus hijos, cenen juntos, armen una tienda de campaña en el garaje, miran alguna película con ellos y hasta preparan palomitas para disfrutar como familia.

Otro aspecto muy importante que recomienda Kriedman es salir de vez en cuando solos los fines de semana aunque se sientan cansados.

Está comprobado que las parejas que salen a divertirse los fines de semana, ya sea a bailar, a cenar, a socializarse con otras parejas, ir

Terapia de Pareja

al cine o quizas a un hotel de montaña son mucho más felices que las que se quedan en casa.

La niñera, las abuelitas o las tías en este caso son las mejores aliadas de la pareja.

Por supuesto es aconsejable dejar el numero del celular de cada uno e informar a la persona que se va a encargar de los hijos sobre el lugar donde pueden ser localizados en caso de una emergencia.

El secreto es mantener el balance entre el rol de padres de familia sin dejar de ser amantes.

Un mínimo de cuatro horas y un máximo diez horas durante el fin de semana lejos de los hijos es saludable para que la pareja mantenga esa conexión sentimental.

Muchísimas mujeres llenan los consultorios de los terapistas de pareja para quejarse que sus esposos ya no son los mismos y que ellas no saben que hacer para verse atractivas ante sus ojos.

Después de hacerles varias preguntas los terapistas llegan a la conclusión que éstas mujeres se han abandonado después de haber dado a luz y las libras de sobrepeso permanecieron después de que terminaron su embarazo.

También ellas han confesado que ya no se maquillan como antes y tienen tiempo para darse un baño dos o tres veces por semana.

Muchas ya no usan el perfume que antes usaban y que a su pareja tanto le encantaba.

Algunas de estas mujeres creen que están atravesando por la depresión post parto y le atribuyen el desgano por arreglarse y ponerse atractivas a este síndrome.

Lo que toda mujer debe tomar en cuenta es la competencia a la que está expuesta su esposo en la oficina, en la calle y en cualquier lugar que visite donde va a encontrar mujeres que se perfuman y se visten elegantemente.

Muchos hombres comparan a su pareja con esas otras mujeres y se quejan ante los terapistas que sus esposas se han abandonado y descuidado su aspecto personal por completo.

Sonia B. F. Arias

Terapia de Pareja

13

Aliviando su estrés con un masaje sensual

A todos desde que somos pequeños nos gustan las caricias y los masajes en el craneo, espalda y extremidades.

Los masajes y las caricias son parte muy importante de nuestro desarrollo emocional desde nuestro nacimiento hasta que llegamos a la edad adulta.

No hay nada que relaje más a un bebé inquieto que un buen masaje con aceite tibio.

Un masaje sensual es una manera de estimular la piel de tu pareja pues son suaves caricias pero a la vez intensas y con un toque muy romántico.

Quizás nunca se te había ocurrido hacerlo pero hoy es el día en que te vamos a enseñar una manera fácil y simple de que tu pareja se sienta amada por ti.

Existen masajes de masajes pero el que te vamos a enseñar estimula las áreas sensuales del cuerpo de tu pareja a la vez que alivia su estrés de un día de trabajo o de quehaceres domésticos.

Hay que ponerle un toque de gracia al momento, no vas a decirle –ven acuéstate que te voy a dar un masaje-.

Usa tu creatividad y deja una notita en tu cama mientras das una ducha.

Esta notita o tarjeta debe ser decorada con romanticismo no importa los años que tengas con tu pareja.

Dile en la nota algo como esto "este cupón te da derecho a un masaje gratis" Te amo: tu masajista aprendiz.

Créeme que tu pareja agradecerá y se deleitará más en un masaje para el aniversario o para su cumpleaños o cualquier otra fecha especial que si le llevaras un ramo de rosas o un osito de peluche.

Sonia B. F. Arias

El contacto con la piel de la persona que amas es muy positivo para iniciar una noche muy romántica, ya verás….

Un masaje en la espalda es algo que todos tomamos positivamente.

El uso de aceites aromáticos a la hora de hacer el masaje hace de la experiencia algo más excitante. Los aceites más recomendados son los llamados aceites de aromaterapia.

Una cucharada sopera basta. Frotas el aceite en las palmas de tus manos para calentarlo antes de tocar la piel de tu pareja.

El aceite frío derramado sobre la espalda producirá tensión en él o en ella y interrumpirá la velada romántica que estás iniciando.

Hay ciertos secretos de los masajes básicos que alivian la tensión y que son muy eficaces.

El estrés tiene a acumularse en las áreas de cuello, hombros y espalda superior en el caso de las mujeres.

En el caso de los hombres el estrés se acumula en el área de la espalda baja y de los glúteos. Lo que es importante es aprender a dar el masaje.

La idea no es en convertirte en un masajista profesional. Es más bien hacer un ritual de seducción en la intimidad. Usa tu creatividad y diviértete con tu pareja mientras le das el masaje. Nunca separes tus manos de su cuerpo durante el masaje.

Es mejor que tu pareja esté boca abajo y tu te pones de rodillas sobre el lecho. (Coloca tus rodillas a cada lado de su espalda).

No pongas presión de tu cuerpo sobre su columna vertebral. La única parte de tu cuerpo que va a tocar el de tu pareja son tus manos.

Con la mano plana, y con los dedos en contacto con su piel muévelos en líneas paralelas a ambos lados de su columna vertebra y luego hacia fuera y vas subiendo de esa manera hasta sus hombros, hasta que poco a poco abarques toda el área de su espalda.

Luego poco a poco amasas más y más los músculos de su espalda. Así como si estuvieras amasando una pasta para hacer pan. Empieza a amasar por el cuello y los hombros y continua hacia abajo. Baja lentamente y usa el aceite de aromaterapia según sea necesario.

Luego como si tus dedos tomaran forma de rastrillo pásalos por su espalda bajando desde los hombros hasta los glúteos. Este masaje conocido como "rastrillo" alivia las tensiones del tejido profundo de la piel.

Terapia de Pareja

Luego convierte las yemas de tus dedos en pequeños martillos que martillen su cuerpo suavemente desde los hombros hasta el área de la cadera y con tus pulgares masajea en círculos por el área del centro de la espalda y por el área de los glúteos y de los hombros y el cuello.

Cuando termines de masajear el área posterior del cuerpo puedes pedirle a tu pareja que se de la vuelta y continuar el masaje por delante masajeando el area de su pecho, su abdomen y sus muslos.

Por último anima a tu pareja a respirar de una manera profunda y relajada a medida que masajeas su cuello con tus dedos formando pequeños círculos que suban hasta las orejas de ella.

Si el masaje lo hiciste como un preludio antes de hacer el amor, como suele suceder, este es un muy buen momento para beses a tu pareja suavemente y la acaricies.

Disfruta del masaje tu también. Es recomendable que tu te frotes tu cuerpo también con el aceite de la aromaterapia que te recomienda este artículo.

Un buen masaje que provoca la sensualidad en ambos los llevará a ser parte de un mundo de fantasía donde los príncipes y princesas viven eternamente felices!

Sonia B. F. Arias

Terapia de Pareja

14

Diez tipos de hombres que las mujeres deberían evitar...

La relación de pareja es algo muy complicado y por eso tantas y tantas parejas aun creyéndose amar fracasan y sufren la pérdida de aquella compañera o compañero con quien se habían ilusionado y hoy ya no forma parte de sus vidas.

Uno de los aspectos que contribuyen a las rupturas amorosas es las diferencias irreconciliables de la personalidad femenina y la masculina.

En resúmen lo que la mujer quiere oir y el hombre no le dice y viceversa es ya en si un problema que nace en la relación de mujeres que ahuyentan a los hombres.

Hoy hablaremos del tipo de hombres de los que las mujeres deberían huir.

La mujer en cualquier sociedad y en cualquier época ha buscado que el hombre le brinde seguridad. Esta seguridad la pueden buscar a nivel inconsciente o consciente.

Las mujeres hasta el día de hoy siguen buscando seguridad emocional o económica en el compañero, aunque muchas no lo reconozcan.

Tampoco quiero decir que para que un hombre sea exitoso con una mujer debe ser empresario porque no es así. Hay muchísimos empresarios y hombres con mucho dinero que las mujeres no los consideran como futuros prospectos para tener una relación seria.

Apartando el atractivo físico del primer momento una mujer busca en un hombre que sea seguro de si mismo.

Un aspecto muy importante en el cual se fijan las mujeres es en el sentido del humor.

Sonia B. F. Arias

A una mujer le encanta que el hombre sea divertido. Cuando un hombre muestra su buen humor refleja que está satisfecho con su vida y de ahí la mujer deduce que este hombre es exitoso. Una de las estrategias más atractivas de un hombre es hacer reír a una mujer.

Aquí presentamos los siete tipos de hombres "rompecorazones" de los cuales las mujeres deberían huir.

En este artículo te ayudo a ti mujer, a detectarlos. He aquí los diez tipos de hombres que no le convienen a ninguna mujer.

El "sexy" es un hombre muy inteligente y seguro de si mismo, divertido y con clase pero estas cualidades hacen que a la mujer se le levante una banderilla roja pues ténganlo por seguro que con todo y esos atractivos también en la mayoría de las veces, es un hombre infiel, dominante, sarcástico, deshonesto e inmaduro. Este sexy es el más peligroso pues no hay mujer que se le resista.

El "Peter Pan"es el tipo de hombre que es muy divertido, con el cual cualquier mujer se siente niña otra vez y tu vida escapa de la rutina diaria cuando estás a su lado.

Sin embargo, cuando llega el momento de progresar a su lado te das cuenta que llevas de tu mano a un niño al cual tienes que guiar y orientar como si fuera tu hijo.

Si te llegas a casar con él llevarás la carga sobre tus hombros de otro hijo más. A este hombre no le gusta escuchar tus problemas y vive en un mundo de fantasía e irresponsabilidad donde todo es diversión y no se preocupa por sus metas ni por proteger a su familia.

Este es el tipo de hombre que vive en un futuro que nunca llega a ser presente. Todo lo deja para mañana, ir a lavar el auto, al banco a realizar alguna transacción, reparar la lavadora, ir a comprar las entradas al concierto etc.

Para este hombre todo puede esperar. Vive honrando el refrán "hay más tiempo que vida". Si te unes a este tipo de hombre siempre acabas tu haciéndolo todo.

Es un hombre que evita las responsabilidades por estar sentado frente al televisor mirando su deporte favorito o jugando video juegos.

Quieres más pistas de como será tu vida junto a él? El auto siempre será un chiquero, sus gavetas desordenadas, nunca sabe donde tiene los documentos importantes etc.

Terapia de Pareja

El hombre "indiferente", por otra parte, es el tipo de hombre que si te lleva a su apartamento lo primero que hace es enseñarte su blog o un sitio del internet que le interesa.

Para este hombre su prioridad no es el romance sino su computadora, prefiere quedarse en casa jugando sus juegos favoritos antes que salir a cenar o irse contigo a divertirse en un fin de semana.

Aunque al principio disimule su adicción por la computadora y haga un esfuerzo por ser romántico y cariñoso, al poco tiempo pasará todas sus horas libres frente al monitor y con su computadora portátil sobre sus regazos.

No entenderá porque tu no haces lo mismo. Pasará horas bajando música y películas del internet y te dedicará quince o veinte minutos mientras hacen el amor.

También les presento el hombre "sociable" quien es el tipo de hombre que conoce muchísima gente.

Tiene muchos amigos y nunca paga entrada en los centros de diversión pues siempre conoce a alguien que le permitirá entrar gratuitamente.

Al principio te fascinará que tenga tantos amigos pero con el tiempo te darás cuenta que sus amigos se convertirán en los peores enemigos de tu relación.

Con este tipo de hombre te sentirás sentada en el asiento de atrás de su auto y tu autoestima peligra. Olvídate que pasarás tiempos a solas con este hombre.

Si le reclamas por su vida social, lo cual para él es prioridad, se enojará contigo y se irá solo a sus fiestas. Te acusará de ser celosa y tu acabarás por creer que eres una neurótica que te imaginas las cosas.

Los hombres muy sociales no quieren compromiso con ninguna mujer y si lo hacen, la vida de su esposa es un infierno eterno.

En este otro grupo tenemos el hombre "intelectual" quien es el tipo de hombre que tiene una personalidad narcisista y cree saberlo todo.

Te considerará tonta si te vas de compras, te mirará con desprecio si te mira viendo una telenovela o leyendo un libro del género ficción.

Te acusará constantemente si no tienes una carrera a su nivel y por no ampliar tu cultura conociendo nombres de los escritores y pintores famosos del Renacimiento.

Sonia B. F. Arias

Su diversión principal será ver documentales científicos y reunirse a tomar café con otros intelectuales que les guste hablar sobre temas de arte, ciencia, filosofía y política.

Este tipo de hombre es muy aburrido y muy pocas veces te complacerá saliendo a divertirse.

Otro hombre problemático es el "casado" o comprometido. Este es tu peor enemigo y el que más te hará sufrir si llegas a enamorarte.

Abre tus ojos, aunque te diga que su matrimonio está mal y que su divorcio está en proceso, no le creas.

No te fíes de un hombre casado, pues medita en que si hoy engaña a su mujer contigo, mañana la engañada podrías ser tu.

El siempre pondrá excusas para no dejar a su esposa. Este hombre dirá que no quiere afectar a sus hijos y seguirá viviendo con ella y tu continuarás con la etiqueta en tu frente que le dice a todos que eres "la otra", "la amante".

Estar con este tipo de hombre es perder tu valioso tiempo y desperdiciar la oportunidad de arrancarte esas etiquetas de tu frente y de que llegue un hombre que te de el lugar que tu mereces.

Piensa que tu no tienes porque andarte escondiendo de todos y con este hombre solo podrás visitar lugares donde nadie los pueda ver. Jamás te presentará con su familia ni con sus amigos ni estará contigo en fechas especiales.

Por otro lado tenemos el hombre "problemático" quien es un hombre que no tiene lógica y es inmaduro.

Puede sufrir de cualquier cantidad de adicciones a drogas, alcohol o desórdenes serios de personalidad.

Es un hombre disfuncional que muchas veces jugará el papel de víctima contigo y llorará como un niño cuando te cuente sobre la infancia que vivió junto a unos padres abusivos.

Recuerda que no eres su psicóloga, por lo tanto, no trates de salvarle la vida si te dice que se quiere suicidar.

Un hombre problemático necesita ayuda profesional y si no la busca tú no eres la persona que lo va a ayudar.

Huye de este tipo de hombres porque es una persona que está dañada y probablemente será un abusador y tú quedarás presa en sus traumas del pasado.

Terapia de Pareja

En estos tipos de hombres no podría faltar el "seductor" quien es un hombre encantador y seductor, el cual sabe lo que tiene que decir para hacerte sentir muy especial.

Sabe las frases de memoria que excitarían a cualquier mujer. Estos hombres son muy inteligentes y saben lo que tienen que hacer para conquistar una mujer.

Usan las estrategias convencionales, las flores, los chocolates, invitaciones a bailar y a cenar románticamente y saben besar apasionadamente.

Este hombre te halaga demasiado desde el momento en que te conoce.

Esto delata su experiencia con las mujeres. Este es generalmente un hombre infiel. Si caes en sus garras serás una chica más en su lista. Si de verdad te interesa, no le hagas nada fácil la conquista.

También está el tipo de hombre que es "dominante" y este es el tipo de hombre que siempre quiere tener la razón y es muy machista.

Este hombre siempre te dice lo que tienes que hacer, como debes vestir, donde puedes o no puedes ir.

Si lo escoges por compañero no te dejará trabajar, ni salir con tus amigas.

Este es el tipo de hombre que si subes unas libritas se da el lujo de decirte que estás gorda y que ya no eres atractiva ante sus ojos.

Te dirá que no te gusta como vistes. Siempre estará acusándote de golfa y de zorra y te insultará sin motivo. Aléjate de un hombre así pues un día podría golpearte, abusarte verbalmente y querrá tomar control de tu vida bajando tu auto estima.

Este hombre generalmente tiene la auto estima muy baja y es muy inseguro y débil y es por eso que se disfraza de controlador.

Por último tenemos el hombre "incógnita" **quien** es el tipo de hombre del cual no te debes enamorar porque no sabes nada de él.

Te esconde su pasado, no le gusta hablar de su vida ni de su familia. Evade temas sobre su trabajo y sus amistades.

Si escoges un hombre así por pareja, podrías estar al lado de un narcotraficante o de un criminal en serie sin saberlo.

Generalmente este tipo de hombre es muy romántico y muy bueno para hacer el amor, pero si le tocas un tema que lo incomoda, cambia su semblante y se pone tenso.

Sonia B. F. Arias

Todo es oscuro a su alrededor. Generalmente tienen tatuada la piel con nombres o números.

Si tienen tatuada una lágrima en el rostro, sin que te asustes ni generalices pero podría ser un hombre que ha asesinado a alguien o ha servido algún tiempo en prisión.

Huye de este tipo de hombre pues podrían ser altamente peligrosos.

Recuerda que las personas con historial criminal muchas veces son perseguidos por enemigos los cuales para vengarse atacan a sus parejas y a sus familiares.

Tú o los miembros de tu familia podrían estar en grave peligro si alguien que quiere vengarse de este hombre te mira con él en la calle.

Ahora dirás, cómo saber si estoy con el amor de mi vida? Si estás con algun hombre como los que mencionamos arriba, toma en este momento un lápiz y un papel y haz dos columnas. En una escribe todo lo que te gusta de él.

En la otra columna todo lo que te disgusta. Luego medita en ambas listas y observa cual lista es más larga.

Si hay abuso físico, mental, verbal y psicológico en tu relacion escríbelo en tu lista y busca ayuda profesional o decídete a romper tu relación.

Si tu pareja está adicto a las drogas, al alcohol o a la pornografia y escribiste eso en una de tus listas, busca ayuda profesional para ti y para tu pareja. Si él no quiere, sal de la relación antes que te hagas co-dependiente de su problema.

Lamentablemente los diez tipos de hombres que menciono arriba son los que las mujeres encontramos más atractivos.

Los hombres serios, muy respetuosos, con altos valores morales, un poco tímidos, sin muchos atractivos físicos y retraídos son los que tratarían a su pareja como una princesa pero no son los que nos atraen fácilmente a nosotras las mujeres.

Cuando les damos la oportunidad y los conocemos a fondo, nos damos cuenta que son nuestras mejores opciones.

Terapia de Pareja

15

Diez tipos de mujeres de las que los hombres deberían huir...

Hay algo que siempre intriga la mente femenina y es descubrir lo que busca un hombre en una mujer para tomarla seriamente.

Muchas mujeres no entienden el porque no encuentran un hombre que las ame y las haga sentirse bien.

Estas mujeres sufren mucho y hasta acuden a los consultorios de los psicólogos para tratar de identificar su problema.

A continuación presentamos algunas de las características en la personalidad femenina que los hombres rechazar.

A los hombres que tienen un alto nivel intuitivo se les hace fácil identificar las características en una mujer que los hace pensarla dos veces para decidirse estar con ella.

La personalidad de alguien no cambia pero el comportamiento si puede ser modificado. Si crees que así naciste y por lo tanto así morirás, estás equivocada.

Está comprobado que después de largos períodos de sufrimiento y de dolor, las personas modifican sus comportamientos. Una persona puede cambiar sus maneras de ver la vida pues las lecciones de este vida nos ayudan a hacerlo.

Como expliqué en el capítulo uno, la personalidad se forma cincuenta por ciento por el ambiente en que vivimos durante nuestra infancia y el otro cincuenta por ciento tiene que ver con la genética que heredamos por parte de nuestros padres.

Algunas mujeres han vivido reprimidas bajo el mando de sus padres dominantes y cuando deciden hacer su vida junto a su pareja tratan de manipular a sus novios o esposo.

Sonia B. F. Arias

Otras mujeres han crecido en hogares disfuncionales donde los golpes hacia su madre y las adicciones de su padre hicieron de su hogar un verdadero infierno.

Estas crecen desconfiadas y pueden ser muy celosas y agresivas. Otras mujeres se dejan intimidar por el dominio de sus padres y tienden a ser mujeres muy dependientes de sus parejas.

El propósito de este capítulo, es abrirle los ojos a los hombres para que puedan estar alertas y si identifican estas características en sus novias o esposas, deberán entender que será muy difícil vivir con este tipo de mujer.

Ahora si tu eres mujer y estás leyendo este libro pues será más fácil para ti identificar tu personalidad a través de conocer tus propias características.

Así que si quieres que el hombre que realmente te interesa, se quede contigo por el resto de tu vida, debes estar consciente sobre tus debilidades y buscar ayuda profesional para poder cambiar ciertos patrones de conducta que no te permitirán ser feliz.

A continuación les presento los diez tipos de mujeres que asustan a los hombres y los hacen huir de ellas.

Comenzaremos por mencionar las mujeres superficiales, las cuales son personas que pasan largo rato frente al espejo pues son altamente vanidosas.

Estas personas piensan más en su maquillaje, sus trajes, en general en su aspecto exterior que en su intelecto, sus sentimientos y los de su pareja.

Generalmente son mujeres muy bonitas pero tienen cabecitas muy vacías y son bastante frívolas. Su meta es encontrar un hombre adinerado que las haga la reina de su corazón.

Por otro lado tenemos las mujeres intensas las cuales son altamente posesivas e invaden la vida de su pareja aún en su trabajo. Estas mujeres llaman a su pareja por lo menos diez veces al día y hacen grandes escándalos cuando su pareja no les contesta los textos o no les devuelve sus llamadas.

Este tipo de mujer tiene muy poca tolerancia para escuchar excusas de tipo laboral. Son muy desconfiadas y no entiende que hay momentos en la vida de su pareja que no pueden estar pendientes de ellas por motivo de trabajo.

Terapia de Pareja

Existe el grupo de las mujeres interesadas quienes principalmente están enfocadas en ir tras la caza de un hombre que tenga dinero.

A estas mujeres no les interesa las cualidades de aquella persona a la cual desean conquistar. No les importa tampoco cual es el estado civil del hombre, si es casado, divorciado o viudo.

Generalmente son mujeres que de niñas carecieron de todo y soñaron una y mil veces con el hombre que las sacara de su miseria.

Su meta era tener viajes, joyas, casas lujosas y muchas tarjetas de crédito. Este tipo de mujeres no salen con un hombre si antes no investigan si tiene dinero.

Quieren saber cuantos autos tiene su posible candidato, cuantas propiedades y cuentas de banco y cual es la carrera que estudiaron o que tipo de trabajo tiene.

Son calculadoras humanas y el dinero les importa más que la atracción física o el intelecto del individuo.

Las mujeres celosas, por otra parte, son el terror de los hombres. Son mujeres muy controladoras que ven fantasmas donde no existen y son muy impulsivas.

Revisan el celular de su pareja y sus redes sociales continuamente y algunas hasta los siguen a su trabajo. Estas mujeres huelen las ropas de sus parejas como perros sabuesos cuando éstos duermen.

Al menor indicio de sospecho que su pareja ha tenido un desliz, le arman un escándalo en la oficina, en la iglesia, en la calle o en el vecindario.

Son muy agresivas y pueden ser violentas. En un arrebato de celos pueden tirarle un objeto pesado a la cabeza de su pareja. Son mujeres inseguras de si mismas y muy traumadas por experiencias que tuvieron anteriormente.

Otra categoría encierra las mujeres infieles. Estas son mujeres muy coquetas, que generalmente les gusta vestir sexy para provocar a otros hombres.

Se sienten halagadas cuando un hombre que no es su pareja las desviste con su mirada o les dice alguna palabra dulce.

Caen fácilmente con el jefe o con cualquier compañero de trabajo que les proponga. Pueden ser muy promiscuas y muy ardientes.

Sonia B. F. Arias

Algunas son multi orgásmicas y están adictas al sexo. Algunas veces provienen de hogares muy libertinos, donde tuvieron mal ejemplos de sus padres o, por el contrario sus padres fueron extremadamente extrictos y muy religiosos.

Son demasiado apasionadas y la emoción de un romance prohibido les excita aunque sea por una sola noche. Se acuestan con cualquiera sin importarles cual sea la situación del hombre.

Tenemos también las mujeres desesperadas, las cuales no han encontrado un esposo a la edad de los treinta y están temerosas que nadie les pida matrimonio.

A estas mujeres lo único que les interesa es que algún hombre les deslice un anillo en su dedo frente a un altar.

No son muy exigentes ni con el físico del hombre ni con su estado financiero.

Quieren a toda costa pertenecer al grupo de las mujeres casadas. Muchas son románticas y hogareñas.

Algunas son muy tímidas y les cuesta socializarse pues no tienen muchos amigos.

Generalmente son mujeres con baja auto estima pero que saben llevar bien las riendas de una familia.

Le tienen pavor a la soltería y huyen de los hombres casados pues a toda costa lo que quieren es buscar una relación estable.

Estas mujeres tienen una única meta y ésta es que aparezca un hombre en sus vidas que se enamore de ellas y les pida matrimonio

En estos tipos de mujeres que presento en este capítulo, están las mujeres conflictivas las cuales ningún hombre quisiera tener a su lado.

Estas viven en un continuo mal humor y siempre se están quejando de que una mosca vuele sobre su ventana.

Generalmente toman a su compañero para que éste se convierta en un paño de lágrimas para ellas y escuche todo lo negativo que vomitan por su boca. Se quejan de dolores en todas las partes de su cuerpo.

Son un poco frías y el hacer el amor no es prioridad para ellas. Son mujeres que tienen problemas en su trabajo, con los familiares de su pareja y con los suyos propios.

Generalmente son muy mal habladas y siempre andan maldiciendo a otros y a sus propias vidas.

Terapia de Pareja

Nada les satisface, tienden a culpar a su pareja por sus desgracias y contaminan a su pareja con su pesimismo.

También están las mujeres que juegan el rol de víctimas con sus parejas.

Son personas muy ansiosas y todos los problemas por pequeños que sean se les hace un mundo de sufrimiento. Se victimizan a ellas mismas y también manipulan a otros para hacerlos sentirse culpables de sus sufrimientos.

Son mujeres que lloran constantemente y dependen de su pareja como el bebé depende de su madre. No tienen el valor de hacer algo por ellas mismas pues son mujeres temerosas que quieren que su compañero les resuelva todos sus problemas.

En el fondo son niñitas pequeñas asustadas que tienen pavor de enfrentarse a la vida y la única solución que encuentra a su vida, es depender de sus parejas para sentirse estables.

Estas mujeres se quejan continuamente y siempre le buscan a la vida el lado negativo.

Existe las mujer "sabelotodo" que es el lado opuesto de las sufridas. Estas mujeres son auto suficientes y se creen superiores a su pareja.

Son mujeres intelectuales, generalmente tienen una carrera profesional y muchas de ellas buscan hombres con una posición inferior a ellas.

Muchas de estas mujeres son ejecutivas en grandes empresas y tratan a sus parejas como tratarían a sus empleados.

Son muy inteligentes y organizadas pero demasiado dominantes y a si su esposo desea expresar su opinión acerca de algún tema en particular ella trata de humillarlo para convencerlo que es mas inteligente y capaz que su pareja.

Por último tenemos el grupo de las radicales. Estas son mujeres intransigentes que no ven más allá de su nariz. No soportan los cambios de manera de pensar ni de otro tipo.

Son muy extremistas en su manera de pensar y no mueven la flecha del punto. Prefieren mover la pizarra para darle al blanco antes de cambiar de opinión.

Son personas disciplinadas pero muy extrictas en todo lo que concierne a lo que es blanco o negro.

Estas mujeres no ven el punto medio de las situaciones y no perdonan fácilmente.

Son muy poco tolerantes para faltas o errores en los que pueda incurrir su pareja.

Después de leer este capítulo muchos hombres identificarán el tipo de mujer que tienen a su lado y el porqué tienen problemas con ella.

Otros se sentirán muy satisfechos pues su compañera no encaja en ninguno de los tipos mencionados arriba.

También muchas mujeres se habrán contestado a ellas mismas porque no encuentran el hombre que tan afanosamente buscan para convertirlo en el hombre de su vida.

Tanto hombres como mujeres se deben estar preguntando que tipo de mujer es la perfecta.

Perfecta no hay ninguna, pero si hay algunas que tienen una personalidad más fácil de llevar.

Para los hombres que no buscan tanto el físico en una mujer como otras cualidades internas, se les hará más fácil encontrar a una mujer que reúna los requisitos que ellos andan buscando.

Terapia de Pareja

16

La andropausia, la menopausia y tu pareja

En los últimos tiempos de acuerdo a nuevos estudios en el campo de la medicina, los hombres al igual que las mujeres atraviesan un cambio en sus vidas alrededor de los cincuenta.

Este cambio está vinculado al envejecimiento masculino y se le conoce bajo el nombre de andropausia.

La palabra andropausia no parece haber sido aceptada por la real academia española todavía.   Sin embargo en el mundo de la medicina este término define la disminución de las hormonas masculinas y se compara con los trastornos hormonales que sufre la mujer durante la menopausia.

La andropausia es un desequilibrio hormonal que ha sufrido el hombres desde que existe pero no fue hasta los años cuarenta que la medicina reveló los síntomas que describen este fenómeno.

En los últimos años, muchos hombres han sido diagnosticados con este trastorno el cual toma lugar entre los cincuenta y cincuenta y cinco años de edad.

Basado en los síntomas que presentan, los médicos han podido ayudar a mejorar la calidad de vida de sus pacientes en esta etapa crítica.

Muchos hombres llenan los consultorios de los terapistas para consultar sobre problemas que tienen con sus parejas cuando llegan a esta etapa crítica.

En las mujeres, los síntomas que anuncian la llegada de la menopausia son, generalmente, claros y definidos, como por ejemplo la ausencia de la menstruación o períodos irregulares durante la pre menopausia.

En los hombres por el contrario estas manifestaciones no son tan claras y por eso es que el diagnóstico de la andropausia se dificulta en algunos casos.

Los hombres no entienden porque no están funcionando como siempre lo han hecho y las mujeres se sienten menospreciadas por ellos al ver que su pareja no las busca con la pasión que lo hacía antes.

En ambos casos se trata de lo mismo; una disminución de estrógeno en el caso de las mujeres y de testosterona en el de los hombres.

Tanto a los hombres como a las mujeres se les hace difícil aceptar que se trata de un desórden hormonal y piensan que hay otras causas por las cuales su pareja ha cambiando su actitud.

Aproximadamente un treinta por ciento de los hombres de cincuenta años tienen posibilidades de sufrir descensos pronunciados en sus niveles de testosterona, lo cual sin duda, altera su calidad de vida con la pareja y ésta lo resiente.

Para estar un poco mejor informados sobre la andropausia y para que las mujeres no se alarmen cuando sus parejas pasan por esta etapa, expondré en este capítulo algunos de los síntomas más comunes que el hombre puede experimentar.

La depresión, pérdida de masa muscular, pérdida de vello genital, dificultades sexuales, alteraciones en el ciclo del sueño y disminución del líbido son algunos de los que más alarman a los que la padecen.

Tambien algunos hombres experimentan síntomas tales como manos y pies fríos, ganas de llorar, irritabilidad, sudoración extreñimiento, hormigueo en las extremidades entre otros.

Algunos de los hombres entrevistados para realizar estudios sobre la andropausia dicen que estos cambios son notables a los cincuenta donde también experimentan pérdida de vigor físico, dolores musculares y óseos, desinterés en la relación sexual además de cambios de humor repentinos.

Cabe mencionar que otros factores ambientales, psíquicos y sociales influyen en la manifestación e intensificación de esos síntomas y podrían relacionarse con los de la andropausia.

El hombre a esta edad también tiende a deprimirse pues sufre diferentes cambios en su vida tales como el retiro de su trabajo, la partida de sus hijos del hogar o por una disminución en sus actividades sociales.

Terapia de Pareja

Si tomamos en cuenta que todo esto sucede en una etapa de la vida de cuestionamiento para los hombres, se hace difícil advertir si los síntomas anteriormente mencionados tienen que ver con la andropausia o si existen causas exteriores que los provoca.

A la hora de diagnosticar a un hombre con estos síntomas es muy importante tener presente que a muchos les cuesta admitir que están atravesando por la andropausia.

En algunos casos ni siquiera el profesional médico toma en cuenta que los síntomas pueden deberse a los bajos niveles de testosterona.

Como dije antes, no es hasta el siglo veintiuno cuando este tema se ha discutido más en los consultorios médicos.

Nunca antes los investigadores habían demostrado un mayor interés en el proceso de envejecimiento masculino y como combatir los síntomas que ahora.

Los estudiosos en la materia intentan ahondar en la investigación y comunicar sobre los nuevos hallazgos a la comunidad médica.

Tanto médicos como investigadores consideran que es necesario reponer el faltante de testosterona en el paciente para que éste se sienta mejor.

La testosterona puede ser administrada por vía oral, por inyecciones intramusculares o mediante la aplicación de un gel en el abdomen. Este último método es el que más se acerca al proceso fisiológico natural.

Antes y durante el tratamiento del remplazo hormonal es muy importante vigilar la próstata pues no debe administrarse la testosterona a pacientes con tumores prostáticos o agrandamiento de próstata.

Durante el tratamiento de hormonas es necesario que la pareja mantenga la actividad sexual, pues está comprobado que los tratamientos para los desórdenes homonales en el hombre tienen un efecto beneficioso en lo que respecta a la erección.

Aunque la capacidad de la erección podría disminuir a esta edad no desaparece del todo, por tanto es fundamental no renunciar a la vida sexual aunque el hombre tenga problemas de erección.

Aliviar el stress también es muy aconsejable y para eso, ayuda mucho la práctica de deportes de cualquier tipo.

Sonia B. F. Arias

El compartir el "problema" con la pareja, antes de visitar las oficinas del médico también es importante, pues su pareja entenderá mejor por lo que su compañero está atravesando.

También es aconsejable compartir el problema con amigos de la misma edad los cuales podrían estar padeciendo síntomas similares.

Es muy importante cuidar la alimentación y las horas de descanso, disminuir o evitar el consumo del alcohol, la cafeína y cualquier otra adicción a drogas durante esta etapa.

Ahora pasaremos a discutir el cambio de vida de la mujer el cual por todos es conocido como la menopausia.

La menopausia es el momento de la vida en el que la mujer tiene sus últimos periodos menstruales.

El período de cambios graduales anteriores a la menopausia se llama pre-menopausia.

Las mujeres pueden experimentar los síntomas de la menopausia durante varios años, antes y después de que ésta se presente. Existen diferentes tratamientos para los síntomas de la menopausia.

Cuando la mujer alcanza la mediana edad, generalmente entre los cuarenta y cinco y los cincuenta años, sus períodos menstruales son irregulares. Al momento que el período menstrual cesa por completo, la mujer ha llegado a la menopausia.

El período de cambios graduales anteriores a la menopausia se llama pre-menopausia y también es un tiempo difícil tanto para ella como para su pareja.

Durante la pre-menopausia y la menopausia, la mujer puede experimentar muchos cambios hormonales y presentar síntomas leves o graves.

Cuando una mujer se acerca a la menopausia, presentas síntomas que su pareja no entiende y su pareja tendrá una y mil preguntas en su cabeza porque su mujer ya no es la misma de antes.

El intervalo entre los períodos puede ser más corto o más largo, y se puede modificar de un mes a otro.

A medida que los períodos varían, las mujeres experimentan otros síntomas, los cuales pueden causar preocupación si se ignora cuáles son.

Los síntomas de la menopausia más comunes incluyen cambios en el deseo sexual, sudor intenso en cualquier momento, infecciones en las vías urinarias y ganas de orinar más frecuentes que lo normal.

Terapia de Pareja

Uno de los síntomas más comunes de los cuales se quejan muchas mujeres durante la menopausia es las ondas repentinas o graduales de calor que duran de treinta segundos a cinco minutos.

También las mujeres se quejan de sudores nocturnos, irritación al orinar, sequedad vaginal o penetración dolorosa.

Aproximadamente una de cada diez mujeres experimenta síntomas aún más graves que los mencionados arriba y éstos les dificulta realizar las tareas cotidianas

Una de cada diez mujeres experimenta pocos síntomas o ninguno durante esta etapa. En la mayoría de los casos, las mujeres, presentan síntomas comunes, como cambios de estado de ánimo y los calores. Estos síntomas en muchas mujeres tienen una duración de tres a cinco años.

Sin embargo, en algunos casos las mujeres pueden tener una pre-menopausia y menopausia más prolongada y dificultosa que podría tardar de diez a doce años.

Algunos síntomas de la menopausia, como la sequedad vaginal y los cambios en el apetito sexual, pueden continuar o incluso empeorar después de la menopausia.

Las buenas noticias son que existen tratamientos para estos síntomas. Las mujeres frecuentemente sienten menos deseo sexual cuando tienen síntomas durante la pre-menopausia y eso les causa muchos problemas emocionales porque algunas veces son abandonadas o traicionadas por sus parejas.

En muchas mujeres, el deseo sexual les regresa cuando cesan los síntomas de la menopausia. Incluso algunas mujeres sienten un mayor apetito sexual porque ya no están preocupadas por un embarazo no planificado.

Aproximadamente tres de cada diez mujeres no recuperan el nivel de apetito sexual una vez que dejan de tener los síntomas de la menopausia.

Una de las razones más comunes por la cual las mujeres no disfrutan del sexo durante la pre-menopausia y después de la menopausia es la sequedad vaginal.

Los síntomas de la sequedad vaginal incluyen, picazón o ardor vaginal, sensación de presión y en casos extremos dolor o hemorragia durante el acto sexual o la masturbación.

Los lubricantes a base de agua pueden ayudar con la sequedad vaginal y se pueden conseguir en cualquier farmacia. El médico también puede prescribir cremas, comprimidos o anillos de estrógeno.

Estos productos pueden hacer que las relaciones sexuales sean más agradables durante la pre-menopausia y después de la menopausia.

Algunas mujeres que desean evitar los riesgos de la terapia con hormonas eligen terapias alternativas, como la homeopatía, los tratamientos con hierbas y la medicina china aunque estas terapias también podrían producir efectos secundarios no deseados.

Si bien las investigaciones no han demostrado mucha eficacia ni seguridad, sobre estos tratamientos, los mismos pueden resultar útiles para algunas mujeres.

Consultar con un profesional calificado para determinar el remedio, la dosis y la duración del tratamiento para cualquier terapia que se elija es lo más aconsejable.

Las mujeres también pueden implementar algunos cambios de estilo de vida para aliviar los síntomas de la menopausia tales como el ejercicio el cual es muy recomendable durante esta etapa.

Los ejercicios aeróbicos, el levantamiento de pesas para reducir los riesgos de la osteoporosis o de las enfermedades cardiovasculares y los síntomas molestos de la menopausia son altamente recomendables.

Para estas etapas difíciles que atraviesan tanto el hombre como la mujer la dieta juega un papel muy importante.

Una nutrición con alto contenido de frutas y verduras y con bajo contenido de grasas saturadas ayuda a aliviar los síntomas en general.

Terapia de Pareja

17

Una historia de amor de 47años
(Testimonio de Nellie Orona)

"Mis queridos amigos, con mayor placer les cuento la historia de nuestro matrimonio por cuarenta y siete años. Se dice fácil, pero son muchísimos días de compartir.

Conocí a mi esposo en la puerta de mi hogar en Costa Rica, cuando él andaba de paseo por mis tierras. Él había nacido en Pico Rivera, California, USA y como profesor historiador, disfrutaba de tres meses de vacaciones.

Yo estaba en recuperación de una úlcera en el estómago y una mesita en el comedor sostenía todas mis medicinas. Además, yo pesaba noventa libras.

Él había viajado por carretera con su amigo Mike y así llegaron los dos a visitarnos a mi hogar, invitados por mis cinco amigas que trabajaban en mi negocio de la moda.

Pasaron un rato en casa, nos tomamos un vinito, acompañado por bocaditos, que mi mami preparó. Robert, sostenía su copa de vino, mientras sus ojos seguían mis movimientos, sirviendo el vino y los bocadillos.

La conversación fue amena e interesante. Ellos contaban su viaje por carretera desde Los Ángeles y a la vez preguntaban por lugares interesantes para conocer, en Costa Rica.

El reloj marcó las once de la noche, y los viajeros decidieron regresar a su hotel y mis amigas traviesas a sus hogares.

Al día siguiente, llegué a mi negocio como de costumbre, a las ocho de la mañana, y ya Robert estaba allí. Lo saludé y me entregué al trabajo. Estuvo allí toda la mañana. A las 12 del día cerraba el negocio y me iba a mi casa almorzar.

Entonces, Robert me dijo, "yo la llevo a su casa." Nos fuimos y desde luego, lo invité a pasar y almorzó con nosotros. A él le quedaban veintidos días en Costa Rica, pues el 19 de Septiembre comenzaban las clases.

Sonia B. F. Arias

En ese tiempo no faltó un día a la tienda y me invitaba a almorzar, o comer a restaurantes. Si salíamos de noche, siempre iba mi amiga Gina con nosotros; esa era la costumbre, aunque tenía los años para cuidarme y era mujer de negocio.

También, tenía una clase de Psicología Infantil y él quería asistir. Hablé con el profesor y allí también estaba a mi lado. El día de partir se acercaba y una noche, solos en la sala de mi hogar, me pidió matrimonio.

Le contesté que yo era como un arbolito, que si lo sacaban de su familia, o lo llevaban a otra lugar tan lejos, se moriría...

Partió solo como había llegado. En el camino me envió tarjetitas contándome su viaje. Nos escribimos unas cuantas cartas y nos contábamos de la vida cotidiana, él en su tierra y yo en la mía.

El mismo año que había conocido a Robert, mi padre partió al cielo. Fue una gran tristeza para mi madre, mucho más joven que él y para nosotros los hijos. Éramos tres hombres y dos mujeres; tres de ellos estaban casados y así, vivíamos mi mami, Marcos de 22 años, el más chico, yo y una empleada.

Pasó el año, yo estaba en el negocio diseñando vestidos. De pronto, siento que alguien me mira, levanto mis ojos y allí estaba él con su preciosa sonrisa.

Dejé los diseños y corrí a sus brazos. Se quedó en el negocio hasta la hora de cerrar y juntos nos fuimos en mi auto, pues yo había hecho una economía con ese fin, y me había comprado el auto.

Además, esta vez, él llegó por avión. Como mi padre ya no estaba, mi hermano dijo, "Esta casa es muy grande, el hotel por tres meses es muy caro, Robert se puede quedar con nosotros, tu duermes con mami y le das tu cuarto.

Esa era la tónica, aunque había más espacio. Robert y yo salíamos a pasear los fines de semana algún lugar lejano y siempre en familia. Además, íbamos a comer y a bailar a algún lindo lugar. El me consentía como una niña, pues yo era chiquita y delgada, cinco pies y 90 libras.

El, alto y con peso, quizás 200 libras. Creo que hacíamos la pareja del más por menos. El tiempo se nos fue volando y Robert tenía que partir. De nuevo me habló de matrimonio y no me decidí.

Yo era la cabeza de la familia y dejarla me era imposible. Fui a dejarlo al aeropuerto y cuando nos besamos en un fuerte abrazo de despedida lloré.

Pensé que era una tonta el no aceptar casarme con él. Había perdido la oportunidad de hacer una familia con un hombre profesional y bueno, porque el no volvería más, estábamos a cinco mil millas de distancia.

Corrió el tiempo y pasó algo que no recuerdo, pero nos distanciamos y nunca nos volvimos a escribir. Se acercaba el tiempo de las vacaciones de Robert y él había dejado dos valijas en mi casa.

Terapia de Pareja

Pensé que las necesitaría y le escribí preguntándole si se las hacía llegar, o le enviaba el dinero, pues yo las podía usar. Me contestó que si le enviaba algún dinero me lo regresaría y allí quedó todo... Se terminó.

Llegó un año más, ya estábamos en la última semana de agosto; obviamente, Robert no vino a vacacionar a Costa Rica.

En nuestro hogar, esperábamos a Marcos, mi hermano para almorzar. Llegó y dijo "¿A qué no saben a quien me encontré en la Avenida Central?"

Nadie contestó, pues no sabíamos a quien se refería. El prosiguió, a Robert le dije que por qué no había llegado a la casa y me contestó "-Es que Nena está enojada conmigo." –

Él le contestó, no te preocupes, ella no se enoja con nadie y lo invitó a venir almorzar a la casa.

Él se rehusó, diciendo que no estaba bien presentable, pero que iría en la noche. Se presentó a eso de las siete de la noche.

Vestía un traje azul y corbata y se le miraba muy nervioso. Le ofrecí una copa y de cenar, pero sólo aceptó la copa. Me contó que estaba en Costa Rica hacía tiempo, pero que no se animaba a llegar a la casa y que algunas veces iba por la noche al negocio, pero estaba cerrado.

Lo fui a dejar con mami al hotel a las once de la noche. Al día siguiente, la misma historia, él llegaba primero que yo al negocio. En cuanto tuvo oportunidad, en la sala de mi hogar, me tomó de las manos, me besó y me dijo -"Yo soy un hombre bueno, te quiero para mi esposa, cásate conmigo. Si tu preocupación es por tu familia, hoy día no hay distancias, puedes estar aquí en un día. Si es por el negocio le prendo fuego."

No sé cómo, pero lo abracé y le dije que si. Tres semanas después nos casábamos un 15 de Septiembre, en la Iglesia de la Catedral. Ese mismo día volamos a California.

Empezamos juntos una nueva vida, sin pensar nunca que estaríamos cuarenta y siete años juntos, más juntos que nunca.

Mi esposo, salía a las 6:30 de la mañana a trabajar y yo me quedaba terriblemente sola y lloraba, por la falta de mi familia. Él llegaba temprano, pues salía a las tres de la tarde y me contaba que se pasaba mirando el reloj y que cuando eran las dos de la tarde estaba feliz, pues pronto estaría en casa.

Una vez le pregunté: "¿Ese detalle es por mi, o por la comidita?" Él pícaramente me miró a los ojos y contestó, por las dos. Siempre pienso que estos son menudos detalles que van haciendo que el matrimonio se fortalezca.

El respeto, la confianza, y la consideración son imperativos en la pareja.

Sonia B. F. Arias

Desde luego, estas consideraciones deben de ser mutuas y ojalá, tratarnos con el mismo amor y consideración de cuando éramos novios.

¿Por qué cambiamos tanto, si vamos a vivir más juntos que nunca, si vamos a tener una familia, para respetar y darle buenos ejemplos?

Mi esposo y yo siempre hablamos de ello y usamos el respeto para todo, por medio de una buena comunicación. El dice, que el hombre que le pega a una mujer es un cobarde.

Gracias a Dios que así piensa, pues ninguna mujer debe de ser maltratada por nadie. Personalmente, nunca hubiéramos llegado a tanto tiempo juntos.

También, hay hombres que no golpean con la mano, pero lo hacen con palabras que hieren en el alma y algunas de esta señoras hasta se enfermen de la mente.

Me pregunto que su propia madre es una mujer, su hija es una mujer, consecuentemente, por que no amar y respetar a su esposa, la mujer que usted escogió? Y vamos, si cambia de parecer déjala, pero no la maltrate de ninguna manera. Ninguna mujer debe de permitirle a un hombre estos abusos.

La confianza es la seguridad, la esperanza firme que se tiene uno del otro. Ello trae mucha paz al matrimonio.

Cuando nos casamos le dije a mi amor, nunca te voy a celar, pero recuerda siempre que tres no cabemos y usted se lo pierde.

Otro detalle lindo es con el dinero de los dos; ambos podemos tomar lo que necesitamos, pero lo comunicamos. De esta manera la confianza está presente.

La consideración es muestra de respeto e importancia del uno para el otro. A veces, hacemos un lío por cosas pequeñas que son fáciles de resolver.

En este campo, nosotros tratamos de resolver con la regla del 20%, que nos toca a todos. Les contaré una historia del 20%, que si la hubiera aplicado se hubiera evitado muchos problemas.

"Alicia tiene una agencia de bienes raíces y tiene un trato entre manos, que le dejará buena ganancia, pero le falta dinero para llegar al acuerdo. El reloj marca las tres de la tarde y ella decide ir al banco, pero no llega a tiempo.

El problema fue que Alicia no encontraba las llaves de su auto y no podía salir. Por fin, sale al banco de prisa, por que faltan pocos minutos para que cierren. Por la velocidad una patrulla le da una infracción.

Sigue al banco y en ese momento cerraban las puertas. Al día siguiente, antes de ir al banco habla con el cliente y le dice, que ya tiene el dinero, para cerrar el trato y este contesta: "Lo siento señora, la esperé toda la tarde y me salió otro cliente, que me ofreció pagar mejor."

Enseñanza que nos dejó este cuento...Orden... Si Alicia hubiese tenido dos o tres juegos de llaves no hubiese ocurrido esta cadena de sucesos negativos.

Terapia de Pareja

Es recomendable tener siempre un juego de llaves cerca del refrigerador, para asociarlo con las llaves y si lo usa, devuélvalo a su lugar inmediatamente.

Así, si pensamos que el 20% lo debemos resolver seamos inteligentes y apliquémoslo en el diario vivir.

Cuando mi esposo se pone necio por algo, le digo: Papito, recuerda el 20% y a viceversa.

En cuanto a nuestra vida íntima les diré, que el sexo, es un acto maravilloso. Me viene a la mente que alguna vez leí de María Antonieta, Princesa de Austria y esposa de Luis XVI, Rey de Francia, consecuentemente Reina en Francia en aquel tiempo, quien dijo, que el sexo era demasiado bueno para que lo disfrutaran los pobres.

Me imagino que con ese egoísta pensar, no tuviéramos pobres, pues una de los aspectos más importantes al tener relaciones sexuales es la procreación.

Y como el aspecto sexual en la pareja es algo muy íntimo, solo se discute lo relacionado con el mismo entre dos. No se admiten terceras personas en lo relacionado con el aspecto sexual de la pareja, y así fuimos nosotros, problemas y satisfacciones en esta área de nuestras vidas lo mantuvimos entre nosotros dos.

Cuando hemos tenido problemas buscamos ayuda profesional. Al año de casados fuimos al médico, porque no quedaba embarazada. Después de de todos los exámenes nos dijeron que nunca tendríamos hijos.

Mi esposo tenía muy bajo su contaje. Lloramos juntos, pero yo terminé dándole un abrazo y diciéndole: "Mi amor, no fumamos, no tomamos, ahorremos dinerito todo el año y lo que ya no gastaremos en los hijos lo haremos viajando. Nos hemos puesto nuestras botas de viajeros por cuarenta países.

Para terminar, les diré que hasta el día de hoy sigo sirviendo una buena cena, pues me gusta cocinar. Siempre hay un lindo mantel sobre la mesa, con un florero y una rosa. Mi esposo siempre da las gracias y dice deliciosa como todos los días.

Él siempre me apoya en todos mis proyectos, pues soy muy inquieta.

Hoy escribo y me hago toda mi ropa, incluyendo abrigos. Dice que yo pertenezco al uno por ciento del descontento divino.

Mi amor aún hoy, me abre la puerta del auto y me firma los cheques.

Este es el amor entre pareja, no sólo es un sentimiento de pasión, sino de buena voluntad y de comprensión.

De darnos un besito cuando llegamos del trabajo, de darnos la mano y rezar juntos por la noche, dándole gracias a Dios por tanto que nos da, por salud, por la familia, por los amigos, por nuestro país y el país que nos abriga.

¡Más 47 años de vivir juntos!

Sonia B. F. Arias

Historias como la de Nelly y su esposo Robert son poco comunes hoy día pero todavía existen parejas como ellos.

Nelly y Robert basan su relación en un respeto mútuo y ambos se aceptan tal cual son sin recriminaciones de ninguna clase.

Buscan alternativas para los problemas que se les presentan y afrontan los momentos difíciles con gran madurez y con mucho amor.

A continuación les ofrezco otros testimonios reales de personas que viven un matrimonio en el cual son felices, sin embargo como algunos de ellos lo manifiestan, los problemas no están ausentes en su relación.

La diferencia está en como los manejan y las estrategias que emplean para que su matrimonio siga adelante.

Terapia de Pareja

18

Testimonios reales de parejas felices

"Hola Sonia gracias por tomarme en cuenta para dar mi testimonio en tu libro.
En mi matrimonio ha sido fundamental la confianza que nos tenemos. Trabajamos juntos, nos vemos todo el día y tenemos treinta y seis años de casados.
Sacamos el tiempo para salir a cenar o asistir a la iglesia y compartir cómo pareja.
Roberto y yo nos conocimos en el colegio en el año 1977.
Fuimos novios 5 años y nos casamos el 9 julio 1982. Nació nuestra primera hija Paola en 1984 y tres años después los gemelos Victor Roberto y Pamela.
No faltan nuestros altos y bajos reconozco que es difícil, pero siempre tenemos a Dios en nuestro corazón y algo muy importante, Roberto siempre ha sido muy fiel y muy trabajador.
Roberto y Gabriela.

"Hola Sonia, le cuento nuestra historia. Juan Carlos y yo nos conocimos por casualidad un 27 de diciembre de 1987 cuando él acababa de regresar de estudiar en la Universidad de Florida.
Juan Carlos invitó al carnaval a la que era mi mejor amiga y ella me invitó a mi.
Unos días despues Juan Carlos me invitó a salir y ahí comenzó nuestra historia.
El 16 de setiembre o sea diez meses después de conocernos nos estábamos comprometiendo y el 4 de febrero de 1989 nos casamos.
Este 4 de febrero del 2014 cumpliremos veinticinco años de casados. No niego que no ha sido fácil el acoplarnos el uno al otro. Ha sido una montaña rusa de amor, dolor, comprensión, perdón y reconciliación constante para poder lograrlo.

Sonia B. F. Arias

A los cuatro años de habernos casado vino nuestra querida Mariela un hija deseada, esperada y amada. Hoy tiene veintiun años y es bachiller universitaria lo cual nos llena de orgullo.

En el año 2000 llega nuestro hijo Alejandro quien hoy tiene trece años y está cursando su octavo año.

La verdad ha sido toda una novela nuestras vida. Hemos tenido épocas de grandes alegrías y romance y otras de incertidumbre, inmadurez y tristeza, pero todas han sido superadas por el amor que nos tenemos y la protección y bendición de Dios.

Nos casamos de veintidos años ambos, y ahora que se acercan el veinticinco aniversario estamos evaluando nuestro matrimonio. Los errores y virtudes que tenemos y planeando más sabiamente los próximos veinticinco.

Estamos totalmente decididos a que sean muchísimo mejores. La verdad Sonia le puedo asegurar que el secreto del éxito de este matrimonio ha sido la constante comunicación y el haberlo puesto en manos de Dios.

Juan Carlos mi esposo es un gran consejero porque es una persona que sabe escuchar y realmente se interesa por los problemas que puedan aparecer en nuestro matrimonio".

Juan Carlos y Hazel

"Hola Sonia te cuento nuestra historia. Somos dos personas de ciudades diferentes que se conocieron por amigos en común en una tierra neutral Sarchí.

Desde aquel 20 marzo 1999 nunca nos hemos separado y después de seis años de noviazgo, finalmente nos casamos el 16 diciembre del 2005.

Hoy 8 años después y con dos hijos hermosos te puedo decir que somos un matrimonio joven si, pero feliz.

Lo primero en nuestro hogar es Dios, somos muy amigos, cómplices grandes conversadores con las mismas metas para el futuro y convencidos que el diálogo la confianza el respeto son primordiales.

Siempre vamos los cuatro juntos a cualquier lugar aunque a veces nos damos nuestras escapaditas solos.

Tenemos claro que la familia es lo más importante y al final de todo es lo que nos queda. Estamos conscientes que hay diferencias y problemas pero todo se resuelve y sobre todo somos esposos porque así lo decidimos por el amor que nos une, hasta que la muerte nos separe.

Nuestros niños Matías de cuatro e Isabela de año y medio son nuestra alegría".

Marlon y Gaby

Terapia de Pareja

"Gracias Sonia por tomarme en cuenta. Luis y yo nos conocimos en un Restaurant Disco el 5 de mayo 1982, y nos casamos el 15 de agosto de 1982.

Creemos que nuestra unión matrimonial es el resultado del amor que nos tenemos ambos y también por el amor que le tenemos a nuestros dos hijos.

El camino a los casi treinta y dos años de relación no ha estado pavimentado por rosas, pero nuestra fe en Dios, y el no creer que el divorcio arregla las situaciones difíciles son las que nos mantuvieron unidos.

Nuestra comprensión al aceptar nuestras debilidades, y el ser fieles el uno al otro y perdonarnos mutuamente nuestros errores creemos que son los cimientos que nos ha mantenido unidos, y esperamos en Dios que así sea por el resto de nuestra existencia".

Luis y Marilu

Sonia B. F. Arias

Terapia de Pareja

19

Poemas de amor para toda ocasión

1. Mientras me hablabas y yo te miraba,
se detuvo el tiempo en medio instante:
el amor me llamaba y yo le obedecía.
Mientras me susurrabas y yo te amaba,
se alzaron los sentimientos,
mandó tu voz,
el cielo se hizo visible en tus ojos,
y yo pronuncié el querer en tus labios.

2. Fue una mirada,
un frenesí de besos,
una lujuria de sentimientos.
Fue un instante sin fin,
sin tiempo para soñar.
Y entonces despertamos,
... y seguimos amándonos

3. Sabes a silencio y a sueños,
con melodías de ternura
y tacto de deseo,
sabes a mi mundo,
a todo lo que anhelo,
sabes a amor, a mi amor

4. Mi objetivo son tus sentimientos,
uno a uno, de mi a ti,
riendo tristezas,
llorando sonrisas,

Sonia B. F. Arias

mi objetivo eres tú,
y sólo tú, para amarte.

5. Ahora puedo oírte,
puedo sentir tu silencio,
puedo recorrer tus besos
y soñar tus labios,
puedo hasta escuchar tu melodía,
aún cuando estés lejos
y seas todo nostalgia.

6. Si te sueño porque te quiero,
si te necesito porque te quiero,
si te pienso porque te quiero,
si te añoro porque te quiero,
te quiero porque te quiero
y te quiero porque eres tú.

7. Te necesito para respirar,
necesito tus ojos para ver
necesito tus labios para sentir,
necesito tu alma para vivir
necesito tu existencia para sonreír
te necesito para saber amar.

8. Durmiendo, soñaba contigo,
desperté y seguí soñando,
imaginé que existías,
sentí que te quería
pensé que te amaba
y volví a soñar porque me querías.

9. Lágrimas con emociones,
llenas de ti y de mí,
llenando surcos de pasión,
aclarando tristezas
y llenando melancolías,
lágrimas para quererte,
y secarlas con sentimientos.

Terapia de Pareja

10. Bailas hermosa, bailas sin parar
    la música te rodea y bailas
    cierras los ojos sintiendo y bailas
    bailas sin parar
    te beso, te abrazo, y bailas
    nos juramos amor
    me juraste amor
    y no paraste de bailar.

11. ¿De qué color es un sentimiento?
    La respuesta esta en el silencio
    en contemplarte y mirarte
    en saber que existes
    en poder pensarte
    en anochecer soñándote
    un sentimiento es amor
    pero sin color
    sólo el color que tiene el sentirte.

12. Suaves eran tus palabras
    sonidos que soñaron
    sueños que ilusionaron
    mares que significaron tu presencia
    miradas que pretendieron poseerte
    secretos de amores a voces
    suaves eran los sentimientos en tu boca
    ¿cómo no va a ser suave algo tuyo?.

13. Me interesa amarte, quiero amarte
    déjame amarte, porque quiero amarte
    amarte es mi presente, es mi futuro
    quiero amarte, sueño amarte
    amarte es mi alma, amarte es ser
    amarte es sentir, amarte es vivir
    déjame amarte, amarte... amarte

Sonia B. F. Arias

14. Mi corazón es tuyo
mis sentimientos son tuyos
mi cuerpo es tuyo
mis palabras son para ti
mis caricias son para ti
mis besos son para ti
pero hay algo que es sólo mío:
saber que me amas.

15. Son tiempos para sentirnos
cuanto tú y yo estamos a solas
y el tiempo no existe
ni existe el final
sólo nos miramos
para besarnos y amarnos
sin que el mundo se mueva
envidioso de nuestro placer.

16. Deja que te acompañe
en el viaje de tu vida
seré tu fiel sirviente
hasta el resto de mis dias.
no tienes más que quererme
y yo me unire a ti,
tan solo confia en mi
y en que nunca te dejare.

17. Si tienes sed
puedes beber de mis labios
si el frio tu cuerpo recorre
el mio te dará cobijo,
mis brazos, te darán abrigo
y mi amor..te dara calor.

18. Si el sueño invade tu mente
apóyate en mi pecho y duerme
que durante ese corto letargo
yo velaré tu dulce descanso

Terapia de Pareja

19. Si tu alma sufre y sólo te queda llorar
abrázame amor, yo te quiero susurrar
que si sufres, yo también sufriré;
que si lloras, yo también lloraré;
que te quiero con todo el alma
y nunca te abandonaré.

20. Si en tu viaje te pierdes
no desesperes, amor
yo saldré a buscarte
para conmigo llevarte
a la correcta y soñada senda
de la felicidad y el amor...
a los senderos calientes
de mi corazón.

21. Regálame amor mío
el sabor de tus besos y el calor de tu mirada,
no quiero perderme en tu recuerdo y pensar
que despues de ti... mi vida ya no es nada

22. Déjame cariño quererte y adorarte con ternura,
arroparte con este sentir bueno y sincero,
Déjame inundar tu alma de pasíon y de dulzura,
y caminar de tu mano por el mismo sendero.
No demores más esta larga espera y,
subamos al tren que cruzó nuestro camino,
dame tu mano cariño, para que no me pierda,
...entre las sombras de la noche y el olvido.

23. Te amo y necesito olvidarte,
porque se que no eres libre,
mi corazon tiene que resignarse,
y creer que tu no existes.
Una lagrima brota de mi alma,
porque mi amor no te puedo entregar,
no eres libre,ya eres de alguien,

Sonia B. F. Arias

y a mi lado nunca podras estar.

24. Tu no querías volver a enamorarte,
y yo nunca crei enamorarme asi,
ahora quieres de tu corazón sacarme,
yo lo entiendo y por eso me alejo de ti.

25. Nunca podré darte los besos que desee,
porque ya existe alguien que te ha de besar,
nunca estuve contigo y nunca lo estare,
hoy cerrare la puerta y me pondré a llorar.

Terapia de Pareja

20

Pensamientos famosos sobre el amor...

El amor no es una frase romántica, es una vida compartida que rosa el dolor, el miedo y la felicidad.
Sara Barragán

Escribir es como hacer el amor. No te preocupes por el orgasmo, preocúpate del proceso.
Isabel Allende

Hay siempre un poco de locura en el amor. Más también hay siempre un poco de razón en la locura.
Friedrich Nietzsche

Amarse a uno mismo es el principio de una historia de amor eterna.
Oscar Wilde

Amo como ama el amor. No conozco otra razón para amar que amarte.
Fernando Pessoa

Nuestro amor es como la llovizna que cae quedamente (silenciosamente), pero desborda el río.
Refrán africano

El amor consuela como el resplandor del sol después de la lluvia.
William Shakespeare

Sonia B. F. Arias

El verdadero amor no se reduce a lo físico o romántico, el verdadero amor es la aceptación de todo lo que el otro es, de lo que ha sido, de lo que será, y de lo que ya nunca podrá ser.
Anónimo

El amor es una bellísima flor, pero hay que tener el coraje de ir a recogerla al borde de un precipicio.
Stendhal

"El amor esta en el aire, trata de respirarlo"
Angel Guillén

Solamente pasaba diez minutos con el amor de su vida, y miles de horas pensando en él.
Paulo Coelho

La amistad puede convertirse en amor. El amor en amistad? Eso nunca.
Albert Camus

No existe amor en paz. Siempre viene acompañado de agonías, éxtasis, alegrías intensas y tristezas profundas.
Paulo Coelho

Ofrecer amistad al que pide amor es como dar pan al que muere de sed.
Ovidio

No existe el amor, sino las pruebas de amor, y la prueba de amor a aquel que amamos es dejarlo vivir libremente.
Anónimo

La mayor declaración de amor es la que no se hace; el hombre que siente mucho, habla poco.
Platón

Terapia de Pareja

El amor depara dos máximas adversidades de opuesto signo: amar a quien no nos ama y ser amados por quien no podemos amar.
Alejandro Dolina

Ten en cuenta que el gran amor y los grandes logros requieren grandes riesgos.
Dalai Lama

Ama y haz lo que quieras. Si callas, callarás con amor; si gritas, gritarás con amor; si corriges, corregirás con amor; si perdonas, perdonarás con amor.
Cayo Cornelio Tácito

El amor jamás reclama; da siempre. El amor tolera, jamás se irrita, nunca se venga.
Indira Gandhi

El amor no se mira, se siente, y aún más cuando ella está junto a ti.
Pablo Neruda

El verdadero amor no es otra cosa que el deseo inevitable de ayudar al otro para que sea quien es.
Jorge Bucay

El amor es la alegría de los buenos, la reflexión de los sabios, el asombro de los incrédulos.
Platón

Donde hay fe hay amor, donde hay amor hay paz, donde hay paz esta Dios y donde está Dios no falta nada.
Blanca Cotta

El amor, para que sea auténtico, debe costarnos.
Madre Teresa De Calcuta

Sonia B. F. Arias

En toda historia de amor siempre hay algo que nos acerca a la eternidad y a la esencia de la vida, porque las historias de amor encierran en sí todos los secretos del mundo.
Paulo Coelho

La paradoja del amor es, ser uno mismo, sin dejar de ser dos.
Erich Fromm

El amor está muy bien a su modo, pero la amistad es una cosa mucho más alta. Realmente no hay en el mundo nada más noble y raro que una amistad verdadera.
Oscar Wilde

Nadie tiene dominio sobre el amor, pero el amor domina todas las cosas.
Jean De La Fontaine

Por el amor de una rosa, el jardinero es servidor de mil espinas.
Proverbio Turco

Ya ves, a veces me canso de mí y de no tener valor para buscarte y cometer todo delito que este amor exija. "Quieta ahí, tus labios o la vida".
Ismael Serrano

El deseo muere automáticamente cuando se logra: fenece al satisfacerse. El amor en cambio, es un eterno insatisfecho.
José Ortega Y Gasset

Entre un hombre y una mujer la amistad es tan sólo una pasarela que conduce al amor.
Jules Renard

El amor es como el fuego, que si no se comunica se apaga.
Giovanni Papini

El amor no tiene cura, pero es la única cura para todos los males.

Terapia de Pareja

Leonard Cohen

A pesar de no ser nunca el definitivo, el primer amor perdura para toda la vida.
Pacoyo

El hombre que ha de mendigar amor es el más miserable de todos los mendigos.
Rabindranath Tagore

Todo gran amor no es posible sin pena.
Proverbio Italiano

El amor es una fuente inagotable de reflexiones: profundas como la eternidad, altas como el cielo y grandiosas como el universo.
Alfred Victor De Vigny

¡El amor! Es el ala que Dios ha dado al alma para que pueda subir hasta él.
Michel de Montaigne

Mi amor, dices que no hay amor a menos que dure para siempre. Tonterías, hay episodios mucho mejores que la obra entera.
William Butler Yeats

¿Cómo entra la luz en una persona? si la puerta del amor está abierta.
Paulo Coelho

En el amor todo ha terminado cuando uno de los amantes piensa que sería posible una ruptura.
Paul Charles Bourget

Existe entre nosotros algo mejor que un amor: una complicidad.
Marguerite Yourcenar

Sonia B. F. Arias

El amor que nace repentinamente mas tarda en irse.
Jean de la Bruyére

No sabe qué es amor quien no te ama, no sabe qué es amor quien no te mira...
Vicente Gaos

Oh, falso amor, pocas veces das placer y muchas dolor!.
Refrán popular.

Lo más triste del amor es que no sólo no puede durar siempre, sino que las desesperaciones son también olvidadas pronto.
William Faulkner

El amor es un fruto que madura en todas las estaciones y que se encuentra al alcance de todas las manos.
Madre Teresa De Calcuta

Donde hay amor, no hay temor.
Refrán Inglés

El amor hace pasar el tiempo; el tiempo hace pasar el amor
Proverbio italiano

El amor es una gran pregunta cuya respuesta son los besos.
Sergio David

En el mar, como en el amor, suele ser mejor seguir una corazonada que obedecer a una biblioteca.
John R Hale

El amor es la pasión por la dicha del otro.
Cyrano de Bergerac

El amor es una epidemia que se acaba con el tiempo.
Joaquín Sabina

Terapia de Pareja

Lo que las ideologías dividen al hombre... El amor con sus hilos los une en su nombre.
Ricardo Arjona

El más bello instante del amor, el único que verdaderamente nos embriaga, es este preludio: el beso.
Paul Geraldy

Sonia B. F. Arias

Terapia de Pareja

Notas:

Sonia B. F. Arias

Terapia de Pareja

Fin

Sonia B. F. Arias

Terapia de Pareja

Sonia B. F. Arias

www.ingramcontent.com/pod-product-compliance
Lightning Source LLC
Chambersburg PA
CBHW032133040426
42449CB00005B/225